¡sssssshhhhhhhhhhh!

Haz del teatro algo íntimo

Llévalo siempre en el bolsillo

Cubierta y diseño editorial: Éride, Diseño Gráfico
Dirección editorial: ángel jiménez
Coordinador de la colección: Javier Llanos

Primera edición: julio, 2024

La aparición
© Florián Recio
© VdB, 2024
Espronceda, 5
28003 Madrid

VdB

ISBN: 978-84-19850-49-2
Depósito Legal: M-9153-2024
Diseño y preimpresión: Éride, Diseño Gráfico

Este libro protege el entorno

la aparición

sobre una idea de Menandro.

Esta obra se representó dentro de la programación
de la 70a edición del Festival Internacional
de Teatro Clásico de Mérida.

Dirección: Jesús Cimarro.

Florián Recio
(Almendralejo, Badajoz, 1962)

Es licenciado en Filología Hispánica y máster en Lexicografía Hispánica. Novelista, varios libros de relatos y varias obras dramáticas representadas en los escenarios extremeños, no fue hasta el año 2013 cuando se representó por primera vez un texto suyo en la arena del Teatro Romano de Mérida, *Los gemelos*, de Plauto, a cargo de Verboproducciones –cuyo director, el veterano y prestigioso actor Fernando Ramos, encarnaría al personaje Marco Primero–, y bajo la dirección de Francisco Carrillo, experimentado maestro en el arte de la comedia. El resultado fue una obra fresca, musical y divertida que se ganó el favor del público desde el primer minuto. Recibió, entre otros, el Premio Ceres del Público aquel mismo año. Pero, sin duda, el mayor galardón ha sido la larga vida de este original montaje que, años más tarde, vivo aún, sigue arrancando risas y aplausos allá donde se representa.

Después de este éxito, Florián Recio regresó en otras ediciones del Festival de Teatro Clásico de Mérida, de nuevo bajo la férula de Verboproducciones y la dirección de Francisco Carrillo, con la adaptación de *El cerco de Numancia*, de Cervantes y la representación de la tragedia *Viriato*, texto original en el que se recrea la vida y la muerte del héroe lusitano.

En la 62 edición del Festival de Teatro Clásico de Mérida del año 2016, Florián Recio adaptó para la compañía Suripanta y bajo la dirección de Esteve Ferrer, el texto de Jorge Llopis. *Los Pelópidas*, divertidísima parodia del mundo clásico grecolatino que, como en las anteriores ocasiones, cosechó elogiosas críticas y el beneplácito del público.

Florián Recio

la aparición

Sobre una idea de Menandro.

Esta función se estrenó en el Teatro Romano de Mérida
el 3 de julio de 2024, interpretada por Paca Velardiez (Vetusta),
Esmeralda Suárez (Esperanza), Irene Hernández (Severa),
Carmen Moya (Rústica), Esteban G. Ballesteros (Hebe),
Pedro Montero (Corista), Jose F. Ramos (Cándido)
y Fernando Ramos (Estrabón).

Coro: Nerea Samino, Aurora Samino, Abraham Samino y Alain Damas

Dirección: Paco Carrillo.

Personajes

ESPERANZA,   joven
SEVERA,   madre de Esperanza
RÚSTICA,   sierva de Severa
VETUSTA,   vieja rica
HEBE,   diosa de la juventud
CORISTA,   sádica trágica
CÁNDIDO,   joven enamorado.
ESTRABÓN,   padre de Cándido
CORO

Escenografía

El frontal de dos casas griegas separadas por una hornacina donde acuden los fieles a adorar a Hebe, la cual está medio oculta entre la penumbra.

En una de las casas cuelga la bandera nacional de Grecia. En la otra, una bandera que parece estar pintada a mano, con la silueta de una mujer anciana y un hombre joven, con la leyenda «Más Atenas».

Prólogo

Al inicio de la comedia aparece HEBE *ya metida en su hornacina y solo cuando ha transcurrido medio minuto abandona su pose de estatua y baja de la hornacina para dirigirse al público.*

HEBE   Era costumbre que al comienzo de las comedias de Menandro un dios o una diosa se hiciera cargo del prólogo. He estado ahí, (*Señala a la hornacina.*) haciendo tiempo, por si alguno de vosotros se animaba a tomar la iniciativa... pero, como al parecer soy la única diosa en la sala, he decidido hacer yo misma los honores. Yo soy Hebe, diosa de la juventud, hija de Zeus y de Hera. Mi labor se supone que consiste en hablaros de lo que va a suceder sobre el escenario, es decir, desgranaros la trama y contaros cómo se resuelven los conflictos entre los personajes. Un spoiler, vamos. Algo que hace dos mil trescientos años tenía sentido e incluso parecía necesario para que los espectadores, si se aburrían, pudieran echar una cabezadita o seguir pensando en sus cosas de griegos antiguos sin temor a perderse el meollo de la trama. Pero, ay, las costumbres y las necesidades han cambiado mucho en dos mil años y con lo mismo que hacías feliz al público griego hoy corres el riesgo de que te linchen, por muy diosa que una sea. Mejor no jugársela. Así que os hablaré de la obra. Sí. Pero solo un poquito. Antes dejad que os cuente algo sobre el autor. Se llamaba Menandro y la verdad es que no es mucho lo que se sabe sobre él, aunque hay dos cosas en las que sí están de acuerdo todos los estudiosos acerca de este eximio escritor griego: que era escritor y que era griego. El resto… bueno, el resto lo dejan a la interpretación. Nacido en la última mitad del siglo IV a. C., se supone que vivió unos cincuenta años y que escribió cien comedias, dato este que algunos estudiosos aconsejan tomar también con cautela y prefieren dejarlo de nuevo a la interpretación. Estos detalles son los que demuestran que Menandro fue hombre absolutamente de teatro: todo lo dejó para la interpretación. En él todo es interpretable menos sus obras. Y no lo digo por su calidad, que fue altísima, sino porque de sus cien comedias no nos ha llegado entera ni una. Sin ir más lejos, de la obra que se va a representar esta noche, titulada «La aparición», solo se conservan unos ciento sesenta versos, lo que no da ni para un parte meteorológico. No me digáis que tratándose de un cómico no es una tragedia.

(*Entra* CORISTA. *Un personaje ataviado con los atributos de una corista trágica, pues, para su desgracia, se ha equivocado de obra y, al oír la palabra «tragedia» ha entrado como una fiera, con muchos aspavientos y mucho mesarse los cabellos, como una Medea pasada de rosca.*)

CORISTA ¡Ay, ay! ¡Pobres hijos de Grecia, que a los muros de la terrible Ilión derramasteis vuestra ilustre sangre…!

HEBE (*Que se ha llevado un susto de muerte.*) Por el divino Zeus, eh, tú, para el carro, ¿qué dices de muros ni de sangre?

CORISTA (*Apostilla.*) Ilustre sangre….

HEBE ¿Se puede saber quién diablos eres y por qué interrumpes mi monólogo?

CORISTA Me parece que es evidente. Soy el coro. Y cumplo con mi oficio. Ya sabes que no hay tragedia griega sin un buen coro.

HEBE Sí. Eso es cierto. Pero te equivocas en una cosa: ¡esto no es una tragedia!

CORISTA Claro que lo es. Lo acabo de oír. Tú misma lo has dicho.

HEBE ¿Qué yo…? ¿Estás de broma? ¿Cómo voy a decir yo algo así? Eso es imposible.

CORISTA   Pues yo no estoy sorda. Te aseguro que lo has dicho. Con todas las letras. Has dicho «es una tragedia». Y, en consecuencia, mi obligación como coro es...

HEBE   No. Ahora caigo. Estás en un error. Lo que yo he dicho es: «No me digáis que tratándose de un cómico no es una tragedia».

CORISTA   Ahí lo tienes.

HEBE   No tienes una mierda. Es una expresión satírica lanzada a la inteligencia del público haciendo gala de mi ironía retórica.

CORISTA   (*Con retranca.*) Ay, chica, perdona, ¿ironía retórica?

HEBE   Ironía retórica. Exacto.

CORISTA   ¿Y eso qué se supone que es... exactamente?

HEBE   Una figura estilística que se usa para expresar justo lo contrario de lo que se dice.

CORISTA   Pues a eso en mi pueblo se le llama mentir.

HEBE   Vamos, lárgate. Llévate tus lloriqueos y tu «ilustre sangre» a una obra de Eurípides y déjame hacer mi trabajo en paz. (*Al público.*) Disculpen la interrupción. ¿Por dónde iba? Ah, sí. De las cien comedias que el eximio Menandro escribió…

CORISTA   (*Interrumpiéndola de nuevo.*) Entonces, ¿estás segura de que esto no es una tragedia?

HEBE   Menandro no escribió tragedias…

CORISTA   Pues es una pena. Yo soy especialista en tragedias. Pocas vas a encontrar con mis tablas, eso puedo asegurarlo. Estuve presente cuando Edipo se perforó los ojos con una aguja del pelo ¡Qué gritos que daba! ¡Y qué manera de correr la sangre! Y también estuve cuando Medea mató a sus hijos con sus propias manos. Y ¿quién crees que estaba al lado de Hécuba cuando esta dejó ciego a Poliméstor?

HEBE   Tú, claro.

CORISTA   Exacto. Allí estaba yo. Y cuando Antígona se ahorcó en la cueva. Y cuando Clitemnestra mató a Agamenón. Y cuando Orestes mató a Clitemnestra. Y cuando a Prometeo le comía el buitre los riñones…

HEBE   Ya veo que no te has perdido una juerga…

CORISTA   Si hay sangre y drama, el coro lo proclama… es la ley de la tragedia.

HEBE

O sea, que tú, de oficio, «sádica trágica»…

CORISTA

Me gusta decir que mi oficio es dar curso a los sentimientos desbocados (*Declamando, emocionada.*) «¡Ay, ay, crueles sufrimientos míos! De atrás recojo la herencia del destino de la divinidad por los pecados de algún antepasado». Hipólito, Eurípides. ¿Bonito, verdad?

HEBE

(*Intentando proseguir con su prólogo.*) Sí, hija, sí, para partirse de risa, pero siento decirte que no soy mucho de Eurípides. Demasiado dramático. De todo hace una tragedia.

CORISTA

Eso, desde luego, no te lo puedo discutir.

HEBE

Haces bien, no me discutas. Y déjame que siga contando mi historia, por favor. (*Al público.*) De las cien comedias que…

CORISTA

¿Y no podría quedarme por aquí a mirar? No molestaré. Lo prometo. De camino aprovecho y me voy enterando de los entresijos del arte de la comedia, que tal y como están las cosas ahí afuera casi mejor tomarse el mundo a chufla…

HEBE

(*Irritada.*) Silencio, por favor… (*La mira unos segundos y sus ojos de cordero de sacrificio la derrumban.*) Vale, quédate por aquí. (*Al público.*) Después de todo, en las obras de Menandro también había coro, pero, a diferencia con las de Eurípides, no tenía voz, solo miraba y callaba. Y solo en los intermedios se le permitía cantar baladas y hacer algunos pases de baile para entretener al respetable. (*A* CORISTA.) ¿Tú sabes bailar y balar?

CORISTA   Balar, sí. Pero igual que te digo que bailar no es lo mío, te digo que a balar y a ladrar y berrear como el ciervo en celo no hay quien me gane.

HEBE   Bestia, me refería a balar de cantar baladas, a ser posible en versos de pie dactílico.

CORISTA   ¿De pie...? Ni de pie ni sentado. Lo siento. Cantar tampoco es lo mío. Pero, si te vale, a Eurípides, Sófocles y Esquilo me los sé de memoria...

HEBE   Mira, mejor mantén la boca cerrada y no molestes, que el prólogo se me está yendo de las manos y nos vamos a comer la mitad de la obra.

CORISTA   La boca cerrada. Lo prometo.

(CORISTA *se mueve a un lado.* HEBE *toma de nuevo su posición central en la escena.*)

HEBE   La historia que vais a presenciar esta noche fue ideada por el escritor ateniense Menandro hacia el año 300 antes de Cristo. Como ya he dicho, solo se conservan un puñado de versos, por lo cual, siento deciros que lo que veréis esta noche no es exactamente como él la escribió. Digamos que se presenta algo cambiada. Bastante cambiada, para ser sinceros. Pero, ¿es que hay algo que se mantenga inalterable durante dos mil años?

CORISTA   (*Como para sí.*) ¿Jordi Hurtado?

HEBE   Aquella de allí es la casa de Estrabón, un próspero empresario del negocio de los papiros.

(*Sale* ESTRABÓN *de la casa y se dirige al público.* CÁNDIDO *está frente a la hornacina de* HEBE, *en posición de rezar.*)

ESTRABÓN   Soy un pionero del mundo editorial. Y a mucha honra. Esta casa la heredé de mi padre, quien a su vez la heredó del suyo, que fue otro gran empresario. Todo un orgullo para la ciudad y para la familia, compuesta de gloriosos hombres de negocios hasta donde alcanza la memoria. A mí han querido castigarme los dioses con un hijo que se pasa el día suspirando y haciendo mohines delante de esa figura de la diosa.

HEBE   Antes he dicho que del comediógrafo Menandro es poco lo que se sabe, pero una de las cosas que sí sabemos es que era estrábico. Por eso hemos dado el nombre de

Estrabón a este personaje. En homenaje al eximio escritor.

ESTRABÓN   Espera un momento, ¿me tomas el pelo? ¿Por un bizco? Protesto. ¡Siempre pensé que era por el famoso geógrafo e historiador del mismo nombre…!

HEBE   Aquella otra casa es la de Severa, una viuda que se lleva a matar con Estrabón.

SEVERA   (*Sale* SEVERA *de la casa y se dirige al público.*) Motivos no me faltan.

ESTRABÓN   Unos motivos ya tan añejos como ella misma. Y que, si fuera una mujer como Zeus manda, llevarían décadas olvidados.

SEVERA   Pues si no los he olvidado es por…

HEBE   (*Interrumpiendo.*) Como veis, las disputas vecinales son tan antiguas como la humanidad misma.

SEVERA   Aquí no hay disputa que valga, lo que hay es que ese hombre siempre ha sido un pretencioso y un vacuo.

ESTRABÓN   Al menos yo evacuo, no como tú, que eres una estreñida y una insoportable.

(ESTRABÓN y SEVERA, *airados, se meten cada uno en su casa.*)

HEBE Lo que no saben estos dos es que sus hijos están enamorados hasta las trancas y se ven a espaldas de sus padres.

CORISTA Pues ya tiene mérito. Enamorarse de espaldas. Yo no podría. Yo necesito mirar a los ojos… Estas cosas en una tragedia no ocurren…

HEBE En realidad, Cándido no es tan beato como le hace creer a su padre. Veréis, como las familias están enemistadas, lo cual hace que el amor entre los muchachos sea inviable, Esperanza, que es una mujer poco dada a conformarse, tuvo una ocurrencia. (HEBE *se mete dentro de la hornacina y desde allí sigue contando.*) Horadó la pared de su dormitorio, esta que linda con mi hornacina, se camufló con un velo idéntico al mío… (ESPERANZA, *en efecto, aparece por detrás, vestida como la diosa. Se coloca en su posición.*) Y me suplantó.

ESPERANZA Cándido, cariño, soy yo.

CÁNDIDO ¡Oh, milagro, milagro! ¡Hebe me ha hablado!

ESPERANZA No. Cándido. Soy yo. Esperanza.

CÁNDIDO ¡Milagro! ¡Hebe se ha convertido en Esperanza!

HEBE   (HEBE *asoma la cabeza sobre el hombro de* ESPERANZA.) A Cándido le costó un poco captar la treta.

ESPERANZA   (*Se descubre el rostro levantándose el velo, permitiendo así que su novio despeje las dudas.*) Soy yo. Esperanza. He hecho un agujero por la pared de mi dormitorio, para chinchar a nuestros padres, a ver si aprenden que no hay muro que separe a dos que se aman.

(*Se abrazan.* ESPERANZA *se va.* HEBE *vuelve a asomar la cabeza.*)

HEBE   Y aquí no acaba la cosa. Resulta que en casa de Severa vive otra muchacha, Rústica, una esclava que también se ha enamorado de Cándido.

(RÚSTICA *sale de casa de* SEVERA.)

RÚSTICA   ¿Es que acaso las esclavas no podemos enamorarnos? No digo yo que vaya a airear a los cuatro vientos mi amor al señorito, que eso sería descaro y no me está permitido, pero, ¿cómo podría contener lo que mi corazón siente?

CORISTA   En eso tiene razón la esclava. Cuando el corazón se desborda no hay nada que hacer. Lo mejor es mirar si hay unas agujas del pelo a mano y ¡zasca, zasca!, directo a los ojos.

HEBE

Por fortuna, no fue eso lo que Rústica hizo sino que un día reparó en el agujero que Esperanza había hecho en su dormitorio, la espió, y descubrió que lo usaba para verse a escondidas con Cándido.

CORISTA

¡No digas más: la delató, y zasca, zasca!

(*Hace ademán de clavarse unas figuradas agujas en los ojos.*)

HEBE

¡No! ¡Calla, por Zeus! Esas cosas solo pasan con Eurípides. Rústica aprovechó los momentos en que Esperanza estaba fuera de casa para disfrazarse de mí y verse a escondidas con Cándido haciéndose pasar por Esperanza.

(RÚSTICA, *en efecto, aparece vestida de* HEBE *y toma su lugar en la hornacina.*)

CORISTA

Caray con la esclava. Pues no sé yo si le habría convenido más lo de las agujas porque, o poco entiendo yo de mujeres o, como se entere Esperanza de que le están levantando al novio, del sopapo que le dé le va a estorbar el Olimpo para dar la vuelta…

HEBE

El caso es que no se ha enterado y que las dos usan mi hornacina a escondidas para sus encuentros amorosos. Y Cándido, que es un ingenuo, sigue sin enterarse de que le dan cambiazo. Yo las consiento porque están enamoradas, son jóvenes y, claro, yo soy Hebe, la diosa de la juventud.

CORISTA   ¿Tú estás segura de que esto no es una tragedia? Porque tiene todos los mimbres.

HEBE   Está abierto a interpretación. Pero, mejor lo vemos, y a ver qué pasa.

Acto I

Se han quedado solos CÁNDIDO *–que simula rezar a la diosa– y* RÚSTICA, *haciéndose pasar por* ESPERANZA. *Por su parte,* HEBE *y* CORISTA *son testigos invisibles de cuanto ocurre.* RÚSTICA *tiene puestas ambas manos sobre las mejillas de* CÁNDIDO. *Para ella es una muestra de cariño, como si quisiera comerlo con los ojos, pero a él lo incomoda, puesto que lo inmoviliza.*

RÚSTICA   Mira cómo brilla esta noche la luna.

CÁNDIDO   (*Apenas si puede hablar.*) Me aprietas, cariño…

RÚSTICA   Salve, Luna, yo te saludo.

CÁNDIDO   Me haces daño, Esperancita…

RÚSTICA   Dime, Cándido, ¿no tienes la sensación de que la luna está bendiciendo nuestro amor con su presencia?

CÁNDIDO   Sí. Se ha quedado una noche estupenda. Ni gota de frío hace. Y tú con ese manto, pobrecita mía…

RÚSTICA   ¿No ves cómo la luna aparta a las molestas nubes como una madre amorosa que no quisiera perdernos de vista?

CÁNDIDO   Ya me gustaría poder mirarla, cariño, pero cómo quieres que la vea si me tienes agarrada la cabeza que no me veo ni mis propios pies.

RÚSTICA   (*Lo suelta.*) Perdona, no era mi intención, pero es que eres tan achuchable y es tanto lo que te quiero…

CÁNDIDO   Yo también te quiero a ti, pero procuro no sacarte los sesos por los ojos. Y, por cierto, me has raspado con las manos, que parece que las tuvieras llenas de callos…

RÚSTICA   (*Esconde las manos.*) ¿Callos? ¿Yo? Calla, calla, bobo.

CÁNDIDO   Mira, Esperanza, lo que llevo un rato tratando de decirte es que creo que ha llegado el momento de que pongamos fin a esta situación. Es hora de que hable con tu madre.

RÚSTICA   ¿Con la señora Severa…?, ¿Con mi madre? ¿Para qué quieres tú hablar con mi madre?

CÁNDIDO   Para pedirle tus callos, digo tu mano.

RÚSTICA   (*Soñadora.*) Sí, mi mano. Claro. ¿No sería maravilloso que por una vez la vida dejara de ponerme zancadillas y que tú y yo fuéramos libres para formar una familia como Zeus manda?

CÁNDIDO   Yo no deseo otra cosa, amor mío. Compartir el lecho contigo hasta que el alba nos despierte. Ocho horas seguidas. Cada día del año durante cien años. Y tener un puñado de hijos.

RÚSTICA   Catorce.

CÁNDIDO   ¡Catorce hijos!

RÚSTICA   No. Catorce horas. A mí lo que me gustaría es poder dormir un día catorce horas seguidas, sin que nadie me moleste. Y lo de los hijos… bueno… que vengan los que los dioses quieran…

CÁNDIDO   ¡Qué ocurrencias tienes, Esperancita!

   (*A lo lejos se ve venir a* ESPERANZA.)

RÚSTICA   (CÁNDIDO *está de espaldas, por lo que no puede ver nada. Para no ser descubierta,* RÚSTICA, *aterrorizada, agarra las mejillas de* CÁNDIDO *y le impide mirar a ninguna parte.*) ¡Esperanza!

CÁNDIDO | Eso he dicho. Esperancita.

(ESPERANZA *se detiene junto a la puerta de entrada. Ve a* CÁNDIDO *embelesado mirando a la diosa. Ella cree que la está esperando. Chistea a* CÁNDIDO, *que no puede oírla porque tiene las orejas taponadas por las fuertes manos de* RÚSTICA.)

ESPERANZA | (*Para sí.*) Chiss. Chiss. Nada. No oye. El pobrecito está embelesado, esperándome.

(*Entra en casa.*)

RÚSTICA | (*Muy apurada. Se quita de en medio.*) Ahora caigo que tengo cosas que hacer dentro.

CÁNDIDO | Pero, Esperanza, cariño, ¿a qué esas prisas? Aguarda un momento… ¿Volverás? (RÚSTICA *está tan apurada que ni contesta. Sale y* HEBE *toma su lugar.*) ¡Por Hebe, qué manos! ¡Me ha dejado las mejillas con más surcos que un campo recién labrado!

HEBE | Es verdad que las manos de Rústica son duras a fuerza de una vida de trabajos, pero su corazón es puro y suave como el de un ángel. Y eso que su vida no ha sido fácil. Fue abandonada en el bosque a poco de nacer. Allí la encontraron unos pastores y Rústica la compró a principios de un húmedo otoño…

CORISTA   Temporada de rebajas. En otoño. Buen momento para comprar…

HEBE   Seguramente sea fruto de alguna violación. Es muy común en las comedias de la época una muchacha violada por un señorito. La muchacha queda preñada y, bien porque no tiene medios para criar a la criatura o bien porque quiere esconder el fruto de su vergüenza, sin decirle nada a nadie, la abandona a su suerte.

CORISTA   A los griegos antiguos esto de ir por ahí violando muchachas les hacía mucha gracia. Lo sacan en todas las comedias. Luego, la mala fama, para los trágicos…

HEBE   Por fortuna, esta es otra de las cosas que también han cambiado con el tiempo, y ya las muchachas pueden salir de sus casas sin temor a ser violadas por el primer cafre al que les entre por el ojo.

CORISTA   (*Sarcástica y como para sí.*) Yo no defendería esa tesis ante un jurado…

                 (CÁNDIDO *se impacienta y se dispone a marcharse. Entra* ESPERANZA *disfrazada de* HEBE. *Desplaza a la diosa y ocupa su lugar.*)

ESPERANZA   Cándido, vuelve aquí. ¿A dónde vas?

CÁNDIDO

Ah, regresaste. Creí que hoy ya no volvería a verte.

ESPERANZA

He dejado ahí dentro a mi madre dándole órdenes a Rústica. Están entretenidas. Tenemos unos minutos para nosotros. Luego quiero volver a mi cuarto y aprovechar un par de horas para seguir estudiando filosofía antes de ir a dormir.

HEBE

Se me pasó contarles que Esperanza es una muchacha muy especial. Aunque por ser mujer tiene prohibido el acceso a los estudios, se las ingenia para llevar libros a casa y estudiar a escondidas física, química, matemática, retórica, gramática. Le encantan las ciencias esdrújulas. Cándido es más llano. Lo suyo es la pesca, la caza, la doma, la lucha. La siesta. Todas palabras llanas y a ser posible de no más de dos sílabas.

ESPERANZA

He estado echando cuentas, Cándido. Fíjate qué cosa más loca. Resulta que para que el mundo progrese es necesaria la energía de todos los hombres de ingenio…

CÁNDIDO

El domingo próximo hay carreras de caballos en el estadio…

ESPERANZA

Pero, por alguna razón, en esta sociedad nuestra el ingenio solo les está permitido a los hombres. Esto ya de por sí es una locura. Sin embargo, no para aquí la cosa.

Resulta que, además de hombre, ha de ser blanco, griego y libre. Y, sobre todo, rico.

CÁNDIDO   Aún hay entradas disponibles. Conozco a un tipo que nos puede proporcionar un par de ellas a mitad de precio…

ESPERANZA   Es decir, que si en la ciudad de Atenas hay tres esclavos por cada hombre libre, una mujer por cada hombre, mil pobres por cada rico, ¿qué nos queda? Que apenas damos utilidad a un cerebro de cada diez mil. Y eso solo en Atenas.

CÁNDIDO   Dicen que los verdes han fichado a Crotino por una fortuna. Como sea verdad, este año ganamos la liga, seguro…

ESPERANZA   ¡Un cerebro de cada diez mil! ¡Qué desperdicio de inteligencia! ¡Cómo si la inteligencia fuera algo que nos sobrara!

CÁNDIDO   Y después de las carreras hay lucha de pancracios. Pelea Acanto, el lacedemonio…

ESPERANZA   (*Un segundo de silencio.*) Tengo sed.

CÁNDIDO   ¡Yo también! ¡Si es que tenemos tantas cosas en común! No hay duda de que los dioses nos tenían predestinados desde el nacimiento. (*Le toma las manos y las aprieta con fuerza sobre las mejillas.*) Anda, vuelve a rasparme la cara con esas manitas tuyas.

ESPERANZA   ¡Qué haces, bruto! Suéltame. ¿Es que pretendes destrozarme las manos?

CÁNDIDO   (*Desconcertado y confundidísimo.*) Pero, cariño, si eres tú quien…

ESPERANZA   Te lo he dicho mil veces, Cándido: el amor requiere de delicadeza, y de mucho autocontrol.

CÁNDIDO   ¿Crees que no lo sé? Llevo auto-controlándome cuatro años, Esperanza, y eso es mucho tiempo y mucho autocontrol.

ESPERANZA   ¿Y qué quieres que haga yo? ¿Acaso es culpa mía que nuestros padres se odien?

CÁNDIDO   Claro que no, ángel mío. No pretendía culparte. La culpa es de esos dos viejos cascarrabias. Pero se acabó. Como te decía antes, hoy mismo hablaré con tu madre.

ESPERANZA   ¿Con mi madre? ¿Y tú para qué quieres hablar con mi madre?

CÁNDIDO   Para pedirle tu mano. Ya te lo dije antes. (*Cara de asombro de* ESPERANZA.) No, no digas nada. Lo he estado pensando. Y esto es como un caballo: si dejas que se envalentone, luego no hay forma de dominarlo. Cuanto antes, mejor. Aunque rabien y protesten, no van a impedir que nos casemos y tengamos cuatro hijos. No, mejor seis hijos. Tres niños y tres niñas.

ESPERANZA   Espera un poco, ¿seis hijos? Tú estás loco.

CÁNDIDO   Vale, tal vez me he pasado. Dejémoslo en cuatro. De momento. Dos niños y dos…

ESPERANZA   Yo no quiero tener hijos. Ni seis ni cuatro ni uno.

CÁNDIDO   Pero, Esperancita, cielo, antes tú me has dicho…

ESPERANZA   ¿Es que no tienes ojos en la cara? ¿Tú no ves cómo está el mundo? Esclavitud, injusticia, enfermedad y miseria por todas partes, ¿quién querría traer hijos a un mundo así?

CÁNDIDO   De eso se trata, de que ellos hagan del mundo un lugar mejor.

ESPERANZA   ¡Anda, mira qué listo! Nosotros convertimos el mundo en un estercolero y la responsabilidad de que lo arreglen que caiga sobre nuestros hijos, ¿no? Pues, mira, no, gracias. Primero que me arreglen a mí el mundo y luego ya pensaré yo en lo de ser madre…

CÁNDIDO   Me vuelves loco, Esperancita.

ESPERANZA   De niños, nada. Y de niñas, tampoco. Espero que te quede claro.

CÁNDIDO   Está bien. Como tú quieras. No hagamos de esto una tragedia.

(Al oír la palabra «tragedia» CORISTA ve de nuevo la ocasión de ejercer el oficio.)

CORISTA   ¡Ay, ay, pobres hijos de Grecia…!

(HEBE la atrapa al vuelo y la hace callar.)

HEBE   ¿Se puede saber qué demonios te pasa?

CORISTA   Perdón. Ha dicho tragedia. Y yo, pues me he lanzado… La costumbre, que tira mucho…

CÁNDIDO   Dejemos lo de los hijos para más adelante. Cada cosa a su tiempo. Afrontemos primero lo de pedir tu mano.

ESPERANZA   Allá tú. Por pedir que no quede, pero no creo que sea buen momento, Cándido. Mi madre te rechazará, te cogerá más inquina y a mí me pondrá una esclava vigilándome las espaldas las veinticuatro horas del día y ya ni siquiera podremos vernos a escondidas, como hasta ahora.

CÁNDIDO   Pues nos suicidaremos. Ya verás cómo así aprenden.

ESPERANZA   ¿Aprenden? ¡Suicidándonos! Desde luego, como pedagogo no tienes precio.

CÁNDIDO   Mujer, algo habrá que hacer al respecto. Esto es como un combate de boxeo, hay que luchar hasta el último aliento, y cuando ya no se pueda más, se tira la toalla…

ESPERANZA   Mira, Cándido, tú tira lo que tú quieras, pero yo lo del suicidio no lo veo. Me parece una solución poco imaginativa. Además, va contra las leyes.

CÁNDIDO   ¿Y a quién le importan las leyes? ¿No eres tú quien siempre me viene con la copla de que Platón dice que donde reina el amor sobran las leyes?

ESPERANZA   Ya, pero es que Platón no conocía a mi madre.

CÁNDIDO   (*Se desespera.*) Maldigo al demonio que inventó al dinero. Solo es por dinero que tu madre no me acepta. Solo porque soy rico…

ESPERANZA   (*Con sorna, al público.*) Claro, es que eso de llevar un novio rico a casa no hay suegra que lo perdone… Yo diría que más que por rico te desprecia por ser hijo de quien eres…

CÁNDIDO   Eso también… ¿A ti tu madre te ha contado alguna vez por qué se odian tanto?

ESPERANZA   No. Ni una palabra. ¿Y tú sabes algo?

CÁNDIDO   Lo mismo que tú. Cada vez que pregunto me sale con evasivas. Pero estoy convencido de que se trata de alguna rancia discusión entre vecinos. Nada que no se arregle con un poquito de voluntad. Nosotros no somos como ellos. Sigo pensando que si le pido tu mano…

ESPERANZA   Y yo sigo pensando que es un error.

CÁNDIDO   ¿Por qué? ¿De qué tienes tanto miedo? ¿Qué es lo peor que puede ocurrir?

ESPERANZA   Que en vez de mi mano te dé la suya a toda velocidad.

(Hace el gesto de dar un tortazo.)

CÁNDIDO   Igual si me conociera mejor…

ESPERANZA   Igual si tú la conocieras mejor a ella no pensarías esas cosas. (*A lo lejos se ve llegar a* ESTRABÓN *en compañía de* VETUSTA.) Cuidado. Por ahí llega tu padre. Y no viene solo. ¿Quién es esa que viene con él? ¿No es la ricachona esa…?

ESTRABÓN   Míralo, ahí lo tienes. No me digas que no es una pena ver a un hijo así. Se pasa las horas ahí delante. Frente a la diosa. Como un pasmarote. No sé qué demonios le ha dado.

VETUSTA Una lástima. En la distancia no tiene mala pinta. Cuéntame algo más de él.

ESTRABÓN ¿De mi Cándido? Es un muchacho sano, noble, griego natural…

VETUSTA ¿Griego natural? ¿Qué es, un yogur?

ESTRABÓN (*Aturdido.*) No… Lo que quise decir es que… es griego, natural de Atenas…

VETUSTA Eso me importa un bledo. No te estoy pidiendo el empadronamiento, Estrabón, lo que te pido es que me pongas en antecedentes.

ESTRABÓN No, si antecedentes no tiene. Es un buen muchacho. Solo que le ha dado por esta locura de rezar…

VETUSTA (*Desesperada.*) ¡Por Zeus que va a ser una velada larga! Digo que me hables de él, botarate. Si bebe, si le huele el aliento, si es jugador, si es glotón, si visita cortesanas…

ESTRABÓN Oh, no. Si es por eso no tienes de qué preocuparte. Su único vicio es ese que estás viendo. Rezoinómano que me ha salido el muchacho.

VETUSTA ¿Rezo qué?

ESTRABÓN Rezoinómano. Adicto al rezo. La culpa es del ayuntamiento, que pone hornacinas en las puertas de los colegios y, claro, los muchachos se enganchan. Ahora son una plaga. Aunque supongo que hay vicios peores, ¿no te parece?

VETUSTA   No sé. Me reservo mi opinión. En cuestión de vicios no tengo mucha experiencia.

ESTRABÓN   No dejo de preguntarme qué diablos le ha pasado a este muchacho mío. Antes no era así. Antes era un chico respetuoso, vital, alegre. Yo tenía puesta en él toda mi fe. Pero, de repente, del día a la mañana, se me hizo genuflexo…

ESPERANZA   Se acercan. ¿Qué hacemos?

CÁNDIDO   Disimula. No te muevas. Mi padre no es muy devoto. Será cosa de un hola y adiós. No te preocupes. No pasará nada.

ESTRABÓN   Hola, hijo.

CÁNDIDO   Adiós, padre.

VETUSTA   (VETUSTA *se ha arrimado cuanto ha podido al rostro de* CÁNDIDO.) El aliento no le huele. Por ahí vamos bien.

ESTRABÓN   Esta señora es Vetusta Próspera, hijo. Seguro que has oído hablar de ella. La patricia más noble –y rica– de la ciudad.

HEBE	Vetusta es, en efecto, la mujer más famosa de la ciudad, tanto por su dinero como por su humor.

CORISTA	Por su falta de humor.

HEBE	Su nombre completo es Cayo Vetusta Próspera, hija de Cayo Trepa, que casó con la rica Lucrecia Próspera, que es de donde procede la inmensa fortuna de Vetusta.

CORISTA	De ahí que presuma de ser una Próspera pero esconda que también es un Cayo, aunque eso salta a la vista.

HEBE	Se casó muy joven con el miceno András Lucio Aparicio, al que por el sonoro braguetazo todos dieron en llamar «Aparicio el afortunado».

CORISTA	Sin embargo, el prometido murió durante el banquete de bodas, por lo cual al tal András Lucio Aparicio se le pasó a llamar Andaketás Lucío Aparicio.

HEBE	¡Pobre Vetusta! Su miceno murió en la cena y ella quedó en ayunas. El caso es que, ya sea por su congénito mal genio o porque dedicó su juventud a acrecentar el patrimonio de su familia, Vetusta no volvió a contraer matrimonio y por lo tanto carece de herederos. Ahora, con un pie ya en el umbral de la senectud, ha decidido poner remedio a eso. Y ha echado el ojo sobre el bueno de Cándido, porque para ella la apariencia es capital.

CORISTA   Estrabón en esto es más condescendiente. La apariencia no le importa en absoluto. Él se fija más en las fincas y en el oro…para él, eso sí es capital.

CÁNDIDO   Tanto gusto, señora. Y bien, padre, ¿qué os trae por aquí?

ESTRABÓN   Ya sabes que la señora Vetusta quedó viuda hace algún tiempo. Para su desgracia, los dioses no le concedieron el don de la maternidad, por lo que permanece sin heredero. Y, con muy buen criterio, ha decidido que es momento de poner fin a ambas cosas. Quiero decir que tiene intención de contraer matrimonio de nuevo. Así que ya ves. Eso es lo que nos trae por aquí.

CÁNDIDO   (*Se queda pensando unos segundos. Hasta que cree comprender. Luego, muy emocionado, abraza a su padre.*) ¿De veras? Vaya, padre, menuda sorpresa. Enhorabuena. A los dos. Me parece una decisión magnífica, y muy oportuna, Después de todo, usted sigue siendo un hombre de buen ver, que está hecho un potrillo…

VETUSTA   Muy espabilado no parece.

ESTRABÓN   Creo que no lo estás pillando, hijo. A ver cómo te lo explico. ¿Conmigo? ¡Qué tontería! Yo ya estoy muy gastado. Vetusta es muy rica y puede permitirse lo mejor. Va a casarse, pero no conmigo.

VETUSTA   Solo acepto género de calidad contrastada. No tengo edad para someterme al método de prueba y error.

            (CÁNDIDO *mira a su padre y sus ojos son dos signos de interrogación.*)

ESTRABÓN   Va a casarse contigo, hijo. Tú eres el afortunado.

CÁNDIDO   ¿Conmigo? ¿Por qué conmigo? ¿Yo qué le he hecho? Yo no conozco a esta señora. Lo siento, pero eso no es posible.

ESTRABÓN   Ya sé que parece imposible, hijo. Que una señora de su calidad se haya fijado en un… rezoadicto genuflexo… pero, mira, la diosa Fortuna se ha puesto de nuestra parte y no vamos a pedirle explicaciones. Así que enhorabuena, chaval. Pronto serás el hombre más rico de Atenas.

CÁNDIDO   Yo no voy a casarme, padre; lo siento mucho, pero me vas a permitir que me oponga.

ESTRABÓN   No, hijo, no te lo voy a permitir. (*Lo toma del brazo y se lo lleva a un aparte.*) ¿Qué demonios haces, Cándido? ¿No entiendes lo que significa esto para nosotros?

CÁNDIDO   ¿Nosotros?

ESTRABÓN   Tú ya me entiendes. Trato de buscarte el mejor futuro…

CÁNDIDO   Querrás decir el mejor futuro para ti, padre. Hablemos con propiedad.

ESTRABÓN   ¿Hablar con propiedad? ¡Cualquier esclavo puede hablar con propiedad! Y eso no lo hace menos esclavo. Hablar con propiedades, eso es lo que hace que la gente te respete. ¡Hablar con propiedades! A ver si te enteras de una vez. Y nadie tiene más propiedades que esa señora. De modo que deja de hacerte el santurrón y obedece a tu padre.

CÁNDIDO   ¿Y el amor, padre? ¿Es que no significa nada para ti el amor?

ESTRABÓN   Claro que sí, hijo. Pero no mezclemos conceptos. Yo te hablo de aquí (*Se toca las sienes.*) y tú hablas del corazón. Y te entiendo. Siempre has sido un sentimental. En eso has salido a tu madre, que en gloria esté. Pero, piensa en esto: ¿sabes por qué al amor lo pintan en forma de niño con una venda en los ojos? pues porque ojos que no ven, corazón que no sufre. Es cultura clásica, Cándido. Sabiduría ancestral. Así que cierra los ojos y calla ¿O es que vas a saber tú más que los clásicos?

(CÁNDIDO *queda confundido con la respuesta.* ESTRABÓN *lo toma de nuevo del brazo y regresan donde* VETUSTA.)

VETUSTA   ¿Algún problema?

ESTRABÓN   Ninguno, señora. Ya le dije que el mío es un hijo obediente y respetuoso con las tradiciones.

CÁNDIDO   Pero, padre, yo creo…

ESTRABÓN   Pues menos creer y más procrear, hijo, que es lo que esta señora necesita. Se acabó el creer y el rezar y el genuflexionismo ese en el que tan insensatamente te has embarcado. Se acabó. Punto y final. Ahora toca comportarse como un hombre, que ya tienes edad.

CÁNDIDO   Es lo que yo digo. Tengo una edad y puedo tomar mis propias decisiones.

ESTRABÓN   Por todos los dioses, cierra la boca. Eres mi hijo y me debes respeto. Si te niegas, te desheredo y te dejo tirado en la calle, para que penes.

VETUSTA   De tirar el pene, nada. Rompo el acuerdo. Si no es entero no me sirve…

ESTRABÓN   No, señora, lo que quise decir…

CÁNDIDO   Ni por todo el oro del mundo me caso yo con esta señora…

ESTRABÓN   Si no es por el oro, hijo. No seas tan reduccionista, que el mundo no es solo blanco y negro. También es por las fincas, y los esclavos, y el ganado. Y si eso no te convence, piensa en nuestros antepasados, por Zeus. ¿Es que no significan nada para ti? El honor de nuestra familia está en tus manos. Bueno, no en tus manos exactamente, pero ya tienes edad para saber de qué hablo.

CÁNDIDO   ¿Y Hebe?

ESTRABÓN   Ya salió la cantinela de siempre. Hebe y Hebe y vuelven a beber los peces en el río… ¿Pero tú a quién has salido tan beato, por Zeus? Maldita la hora en que pusieron esta hornacina a la vera de mi casa. Pues, ¿sabes qué te digo? que la voy a echar abajo. Mañana mismo. A ver si así se te quita la beatería.

ESPERANZA   (ESPERANZA *no puede contenerse y se le escapa un improperio.*) ¡Atrévete, viejo chocho! (*Comprende su error y trata de enmendarse. Señalando con el dedo a* ESTRABÓN *y hablando como una posesa o como una aparición.*) ¡Que mi maldición caiga sobre el que ponga una mano en esta hornacina!

ESTRABÓN   (*Con un susto de muerte.*) Por Zeus, ¿qué clase de prodigio es este, o es que me he vuelto loco? ¿Tú también lo escuchas, hijo? ¿Es cierto que Hebe está hablando?

CÁNDIDO   Hebe, es Hebe, por supuesto, ¿quién iba a ser si no, padre? A veces se pone parlanchina.

VETUSTA   (*Fuera de sí y dominada por un ataque de pánico.*) ¡Aparicio..! ¡Aparicio..!

CORISTA   Mira, la pobrecita cree que es el fantasma de su difunto marido, Lucio Aparicio.

VETUSTA   (*Recomponiéndose y corrigiendo.*) ¡Aparicio…! ¡Aparición! ¡Aparición! ¡Una aparición!

ESPERANZA   Al que toque un solo pelo de Cándido tendrá que vérselas conmigo. A Cándido lo he consagrado a mi servicio. Y ninguna mortal podrá disfrutar de su cuerpo…

CÁNDIDO   Si acaso, Esperanza, la hija de…

ESPERANZA   (*Lo interrumpe para evitar que se delate.*) La hija de Zeus y Hera, que soy yo. Y cierra la boca, que estás más guapo.

Vetusta   Lo siento Hebe, no era mi intención entrometerme entre tú y este muchacho… Es que yo… yo solo quería… yo… lo mío no tiene arreglo… estoy maldita. Condenada a una eterna tragedia.

Corista   (Vetusta *abandona la escena a toda prisa y desolada.* Corista, *al oír la palabra «tragedia» no puede evitarlo y trata de lanzar su salmodia, pero* Hebe *la interrumpe y la retira.*) Ay, pobres hijos de…

Esperanza   (*Señalando a* Estrabón.) Y tú… tú…

Cándido   A ver qué vas a decir, Esp… digo Hebe, que es un hombre mayor y tiene sus achaques…

Esperanza   Tú, viejo terco, deja de entrometerte en la vida de tu hijo o con mis poderes de diosa haré que tus piernas se carguen de varices…

Cándido   Vale, ya lo ha entendido…

Esperanza   …y que te salgan almorranas como columnas dóricas…

Cándido   Hebe, moderación, que no es necesario que incidas…

Estrabón   Lo siento, diosa. Perdóname. No quise… Quédate con mi hijo, Hebe, si esa es tu voluntad. A tu servicio queda consagrado. No volveré a entrometerme. Te lo juro.

ESPERANZA (*Mientras* ESTRABÓN *se mete en casa.*) Te estaré vigilando. Recuerda que sé dónde vives…

Acto II

Salen ESPERANZA *y* CÁNDIDO *de escena. Quedan a solas* HEBE *y* CORISTA.

HEBE

(*Al público.*) ¿Saben lo más gracioso de esta historia? ¡Que está inspirada en hechos reales! No es coña. Lo digo totalmente en serio. Resulta que hacia el 333 a. C., siendo Menandro un niño, hubo en Atenas un tal Licofrón que hizo un agujero en la pared que mediaba entre su casa y la de la vecina para colarse y mantener con ella unas relaciones… digamos que irregulares.

CORISTA

Se colaba tres veces al día, Hebe. No eran tan irregulares. Cada vez que el marido salía de casa, zasca, allá estaba el Licofrón –que por cierto, tenía nombre de laxante–, atravesando el agujero, dicho sin segundas. Tres veces al día. Como un reloj. Dime si eso no es regularidad…

HEBE

Me refería a irregulares en cuanto a ilícitas, ignorante. Pero lo que aquí interesa es que lo pillaron y que fue a juicio. Un proceso que pasó a la historia por la fama de los abogados. Acusador: Licurgo. Defensor: Hipérides.

CORISTA   Delantero centro: Sócrates…

HEBE   El proceso fue tan sonado que años más
                 tarde lo usó para hacer comedia el eximio
                 escritor Menan…

CORISTA   ¿Por qué siempre que te refieres a Menan-
                 dro usas esa palabra?

HEBE   ¿Qué palabra?

CORISTA   Eximio.

HEBE   Pues porque lo fue. Un escritor eximio don-
                 de los haya.

CORISTA   ¿Es que acaso no lo son todos los hombres?

HEBE   ¡Qué tonterías dices! ¡Eximios todos los
                 hombres! ¿Dónde has oído tal cosa?

CORISTA   Lo que yo he oído es que todos los hom-
                 bres provienen del mono.

HEBE   Cierto, pero no sé qué relación guarda
                 con…

CORISTA   Para mí está claro. Si provienen del mono,
                 todos son ex simios.

HEBE   Aparte de tragedia, tú no eres de muchas
                 lecturas, ¿verdad? Eximio significa ilustre,
                 excelente, alguien que destaca en lo suyo.

CORISTA   ¡Ah, esa clase de simio! (*Breve pausa.*) Un monosabio…

HEBE   (*Al público.*) Han pasado varios días desde que Esperanza fingió su aparición.

CORISTA   ¿Varios días? ¡Cómo vuela el tiempo en las comedias!

HEBE   La noticia del milagro corrió de boca en boca y ahora la gente hace cola ante mi hornacina para ver si se repite el prodigio.

CORISTA   Pues lo llevan claro.

HEBE   A mí no me molesta porque, con la tontería del milagro, me he convertido de repente en la diosa más popular de la ciudad. Pero lo siento por los muchachos, quienes, si bien se libraron de la boda con Vetusta, ya no pueden usar mi hornacina para sus encuentros debido a la cantidad de gente que curiosea a todas horas por los alrededores. Y, claro, Cándido está atormentado. Y Esperanza triste y mustia. Y Rústica…

(RÚSTICA *sale de casa de* SEVERA. *Lleva sobre la cabeza un cesto de ropa sucia. Por el otro lado llega* CÁNDIDO. RÚSTICA *se atora ante la presencia de su enamorado, pero finge que no lo ve y pretende seguir su camino.*)

CÁNDIDO   Eh, chica, sí, tú… Rústica, espera un momento. (*Se acerca a ella.*) Parece una pesada carga, ¿vas muy lejos?

RÚSTICA   Al río.

CÁNDIDO   ¿Al río? ¿Sabes nadar?

RÚSTICA   Voy a lavar la ropa sucia. ¿O piensas que me pongo el cesto en la cabeza para corregirme las vértebras?

CÁNDIDO   No, no. Entiendo. Al río. Claro. A lavar la ropa. Lo que yo me preguntaba es si necesitas que te ayude… No me importa acompañarte…

RÚSTICA   No es necesario. Estoy acostumbrada. Ya puedo yo.

CÁNDIDO   Sí, es cierto. Ya veo que tienes unos brazos que… (*Silencio incómodo.*) Mira, Rústica, hay algo que me gustaría decirte… pero no sé por dónde empezar… (*A* RÚSTICA *le tiembla hasta la ropa sucia; deposita el cesto en el suelo. Espera y a la vez teme que su amado diga algo referente a ella; pero, cuando escucha lo que tiene que decirle, se le nota en el rostro la decepción. La notamos nosotros, por supuesto, porque* CÁNDIDO *sigue sin pillar una.*) He observado que Esperanza hace días que no sale de casa y me preguntaba si es que le ocurre algo, si está enferma o…

(*Interpreta mal la decepción de* RÚSTICA.) No es que yo la espíe, claro, ni que yo… bueno, es solo que… somos vecinos después de todo, ¿no?… y…

RÚSTICA   (*Cortante. Desencantada.*) Esperanza está bien. Lo que sucede es que su madre no la deja salir de casa por todo este lío de la aparición y por la cantidad de gente extraña que ronda ahora por el barrio…

CÁNDIDO   Ah, la aparición, claro, entiendo…

(*Nuevo silencio incómodo.*)

HEBE   (HEBE *se acerca a* CÁNDIDO, *le pone una mano sobre el hombro y le habla con voz de psicólogo de autoayuda.*) Vamos, muchacho, se valiente. Atrévete.

CÁNDIDO   Está bien, iré al grano. Después de todo, los problemas son como los caballos: hay que saber soltarle el freno a tiempo, ¿no te parece? Así que allá voy. Mira, Rústica, me gustaría que le dieras un recado a tu ama. De mi parte.

CORISTA   ¡Increíble! ¿Cómo lo has hecho? ¿Es que pueden oírnos?

HEBE   Oyen lo que queramos que oigan. Para ellos somos esa «vocecita aquí dentro» a la que confunden con la voz de su conciencia.

CORISTA   O sea, que podemos influir en la vida de
            los mortales…

HEBE   Por supuesto, ¿qué sentido tendría nues-
            tra presencia en la comedia humana si no
            pudiéramos influir? Eso sí, el límite de nues-
            tra influencia lo ponen ellos.

CORISTA   Lo que se viene llamando el libre albedrío.

HEBE   Exacto.

CORISTA   (*Evocadora.*) ¡Qué tema! ¡El libre albedrío…!
            ¡Y qué apropiado para una tragedia!

CÁNDIDO   Dile a Esperanza que hoy al caer el sol,
            cuando todos vuelvan a casa y el barrio
            quede tranquilo, la estaré esperando.

RÚSTICA   Al caer el sol. Así se lo diré. (*Haciéndose la
            ingenua.*) ¿Y dónde le digo que la esperas?

CÁNDIDO   No es necesario que digas nada más. Ella
            sabrá dónde.

RÚSTICA   Sí, seguro que lo sabe. Esperanza siempre
            ha sido muy lista. Está bien, no temas. Allí
            estará…

CÁNDIDO   Una cosa más (*La toma de las manos.* RÚS-
            TICA, *como hipnotizada, se deja hacer.*) Pro-
            méteme que de esto, a su madre, ni una

palabra. Es muy importante que Severa quede ajena a nuestro secreto.

RÚSTICA   Haré lo que pueda. Te lo prometo.

CÁNDIDO   Me haces un gran favor, Rústica. Ni imaginas cuánto significa esto para mí.

RÚSTICA   Me hago una idea.

CÁNDIDO   Eres una buena chica. Si alguna vez puedo hacer algo por ti…

(Le besa las manos, y al sentir el contacto de esas manos hay algo que le hace estremecer. RÚSTICA *queda embelesada, temblorosa, sin atreverse a nada.* CORISTA *se acerca a ella, le pone la mano en el hombro y le susurra al oído algo inaudible para el público.)*

RÚSTICA   *(Recita muy seria, muy trágica.)* Ay pobres hijos de Grecia que a los muros de la terrible Ilión derramasteis vuestra ilustre sangre…

*(*HEBE *separa a* CORISTA *de* RÚSTICA, *que interrumpe de golpe el recitado, tan desconcertada como el propio* CÁNDIDO. *Toma el cesto y sale de escena a toda prisa.)*

CORISTA   Funciona. ¡Soy una influencer!

CÁNDIDO   (*Mirándose, desconcertado, las manos que acaban de soltar las callosas manos de* RÚSTICA.) Esas manos…

               (*Llega* ESTRABÓN *e interrumpe sus cavilaciones.*)

ESTRABÓN   Salud, hijo. Me alegro de encontrarte. ¿Vas a alguna parte?

CÁNDIDO   No. Solo paseaba.

ESTRABÓN   ¿Podemos charlar un minuto? Necesito decirte algo.

CÁNDIDO   Por supuesto, padre. ¿De qué se trata?

ESTRABÓN   De mí. De lo bruto que he sido. No me di cuenta de tu relación con… bueno…, que quería pedirte disculpas, hijo. Ya sabes que quiero lo mejor para ti. Todo lo que intento es ser un buen padre. ¿Crees que soy un buen padre?

CÁNDIDO   Pues…

ESTRABÓN   Gracias, hijo. Tus palabras son de mucho consuelo. Pero hay veces en que me parece escuchar una vocecita aquí dentro diciéndome…

HEBE   Te estás portando mal con el chico.

ESTRABÓN   …te estás portando mal con el chico. ¿Crees que me porto mal contigo?

CÁNDIDO   Hombre, yo…

ESTRABÓN   Gracias, hijo. Necesitaba escucharlo de tus labios. Aun así, quiero disculparme. Estaba ciego. No comprendía esa devoción tuya. Me burlaba de ti y me irritaba verte todo el santo día postrado ante la estatua, pero ¿cómo iba a saber yo que la diosa estaba tan enganchada?

CÁNDIDO   Tú no tenías por qué saber que yo… y que ella…

ESTRABÓN   Eso digo yo. Tú y ella…Y ahí es adónde quería ir a parar. Porque ella es una diosa, claro, y ante eso… qué se le puede hacer…, solo tiene que rendir cuentas ante Zeus; pero yo… nosotros… tenemos que rendir cuentas ante el arca del Estado, hijo, la hacienda pública, ya sabes. Y, si me permites que te sea sincero, las cosas no están muy boyantes últimamente.

CÁNDIDO   No sé si me gusta que seas tan sincero, padre.

ESTRABÓN   Hablemos claro, hijo. Los negocios están fatal. Ya sabes que la familia desde siempre se ha dedicado a la elaboración de papiros.

Y no nos ha ido mal. Pero, hay que asumirlo, los tiempos cambian, la gente ya no quiere papiros. Ahora les ha dado por esas moderneces de los pergaminos, que yo no me explico qué diablo le ven a esas nuevas tecnologías, con lo bonito y fácil que es leer un libro en el formato tradicional, como se ha hecho toda la vida.

CÁNDIDO   Eres hombre de negocios, sabes que hay que adaptarse, padre, abrir la mentalidad.

ESTRABÓN   Sí, sí, muy bonito eso de abrir la mentalidad. Pero resulta que abrir la mentalidad requiere abrir el monedero, hijo. Y nuestro monedero está más muerto que Agamenón.

CÁNDIDO   No seas tan dramático, padre. Seguro que no es para tanto. ¿Has revisado bien la contabilidad? Mira que la contabilidad siempre fue tu talón de Aquiles.

ESTRABÓN   Vale, te lo diré más claro. Aquiles tenía un talón, ¿ok? pues a nosotros ya ni talón ni efectivo nos queda, hijo. ¿Te lo deletreo? Estamos con un pie en la ruina y el otro en la miseria.

CÁNDIDO   ¿La ruina? ¿Qué significa eso? No te entiendo. ¿Quieres decir que ya no somos ricos?

ESTRABÓN   ¡Chiss! ¡Calla la boca! ¿Es que quieres que se entere toda la ciudad? Mientras nadie sepa nada, seguimos siendo ricos. La riqueza, como la pobreza, es una actitud, hijo. Pero, en respuesta a tu pregunta, no, ya no somos ricos.

CÁNDIDO   Pero eso es terrible, padre, un desastre.

ESTRABÓN   Exacto. Ahora lo vas pillando. Un desastre. De ahí que tu matrimonio con Vetusta venía a salvar la situación. La tuya y la mía, porque, con su dinero y su nombre, yo tenía abiertas las puertas al Senado.

CÁNDIDO   ¿El Senado? ¿Desde cuándo te interesa a ti la política?

ESTRABÓN   Desde que he visto a la miseria llamando a mi puerta. Llevo toda la vida de autónomo, creo que es hora de que yo también disfrute del Erario Público.

CÁNDIDO   Me enorgullezco de ti, padre. Me emociona saber que, ahora que atravesamos tiempos de adversidad, te olvidas de ti mismo, y te arremangas dispuesto a luchar por el bien público.

ESTRABÓN   (*Con sarcasmo, al público.*) Claro que sí, hijo, claro que sí. Para eso se mete uno a político…

CÁNDIDO   ¿Y ya has hecho pública tu candidatura?

ESTRABÓN   Pensaba hacerla después de la boda

CÁNDIDO   ¿Qué boda?

ESTRABÓN   La tuya con Vetusta, claro. Ella tiene el nombre y el dinero que nos haría falta para dar un paso así. Pero, ahora, al meterse la diosa de por medio, se me ha venido todo el plan al suelo. Por eso, hijo, me gustaría que hablaras con la diosa…

CÁNDIDO   ¿No me estarás pidiendo que le aconseje a Hebe que invierta en tu negocio de papiros?

ESTRABÓN   ¿Por qué no? Es una diosa, ¿qué trabajo le cuesta?

CÁNDIDO   No me puedo creer que me estés diciendo esto.

ESTRABÓN   Por intentarlo no perdemos nada, hijo. Verás, los dioses tienen fama de veletas. Hoy le gustas tú y mañana si te he visto no me acuerdo. No lo digo yo, lo dice Homero. Yo no los juzgo. Son dioses. Si yo fuera un dios… En fin, que si la diosa ésta se ha pillado por ti, pues yo le alabo el gusto, pero hay que ser listos, aprovecharse de sus influencias mientras le dure el capricho. Pedirle, no sé, un empujoncito en el sector… Tampoco hay que abusar de las amistades.

Solo algo que nos haga ganar un par de milloncejos. O tres. A ella qué más le da si los dioses desprecian el dinero…

CÁNDIDO   ¿Y ella qué gana a cambio?

ESTRABÓN   Ahí ya intervienes tú, hijo. Es la diosa de la juventud. Y tú bien joven que eres. Hazle que se sienta complacida. Yo tengo puesta en ti toda mi confianza. Yo y todos nuestros antepasados, por supuesto. Tú solo tienes que darle lo que pida.

CÁNDIDO   ¿Cómo puedes pedirle eso a tu hijo?

ESTRABÓN   Precisamente porque es mi hijo. Además, no te pido nada que yo mismo no haya hecho. Sacrificarse por la familia.

CÁNDIDO   ¿Qué me sacrifique? ¿Eso es lo que quieres? (*Medita unos segundos.*) De acuerdo. Me sacrificaré. Hablaré con la diosa. Pero, a cambio, quiero que tú hagas algo por mí.

ESTRABÓN   Lo que pidas, hijo; lo que necesites, dalo ya por hecho.

CÁNDIDO   Quiero que, sea lo que sea que te traigas con Severa, hagas las paces con ella, y le pidas la mano de su hija.

ESTRABÓN   ¿Y para qué quiero yo la mano de la hija de esa arpía?

CÁNDIDO   Tú no la quieres para nada. La quiero yo. Es para mí.

ESTRABÓN   ¿Para ti? Pero, ¿Y Hebe, qué dirá la diosa cuando se entere?

CÁNDIDO   Hebe no es celosa. Ella sabe que estoy enamorado de Esperanza, desde que la vi por primera vez.

ESTRABÓN   ¿Enamorado? ¿De la hija de…? Pero ¡Cándido! ¿Con todas las mujeres que hay en Atenas te has tenido que enamorar de la hija de esa…?

CÁNDIDO   De quien yo me enamore es asunto mío, padre. ¿Hay o no hay trato?

ESTRABÓN   Por Zeus, hijo, ¿por qué ha de ser siempre todo tan difícil contigo?

CÁNDIDO   Tú me pides la mano de Esperanza y yo le pido a la diosa que se ponga a manos contigo. Es justo.

ESTRABÓN   No es lo mismo, hijo. No mezclemos conceptos. Tú vas a hablar con una diosa; pero a mí me envías a hablar con una bruja. Es evidente que salgo perdiendo. (*Pausa.* CÁNDIDO *hace ademán de irse.*) Está bien. Hablaré con ella en cuanto tenga ocasión.

CÁNDIDO

No, no me valen evasivas. Hablarás hoy mismo. Quiero su mano ya.

ESTRABÓN

¡Ese es mi chico! ¡Apasionado y firme, como su padre! ¡Lo quiero y lo quiero ya, caiga quien caiga! ¡Qué buen empresario vas a ser!

CÁNDIDO

Tú habla con Severa. Te prometo que yo vendré esta noche a hablar a solas con Hebe.

(*Abraza a su padre y sale.* ESTRABÓN *queda desconcertado. Pasea arriba y abajo sin atreverse a llamar a la puerta de* SEVERA. *En estas llega* RÚSTICA, *que regresa con el cesto de la ropa ya lavada.*)

ESTRABÓN

Niña. Ven aquí.

RÚSTICA

¿Si?

ESTRABÓN

¿Eres la esclava de Severa?

RÚSTICA

Para servirle.

ESTRABÓN

Muchas gracias.

RÚSTICA

Digo que soy la esclava de Severa para servirle, que es lo que hacemos las esclavas.

ESTRABÓN

Ah, claro. Entiendo. Pues mira, hija, ve y dile a tu señora que salga, que hay un caballero que quiere hablar con ella.

RÚSTICA   ¿Con quién?

ESTRABÓN   Con tu ama.

RÚSTICA   ¿A quién?

ESTRABÓN   ¿A quién qué?

RÚSTICA   ¿A quién ama?

ESTRABÓN   A tu señora.

RÚSTICA   ¿Desde cuándo?

ESTRABÓN   ¿Desde cuándo qué?

RÚSTICA   Desde cuándo la ama.

ESTRABÓN   No la amo…

RÚSTICA   No lo juzgo. Yo solo soy una esclava.

ESTRABÓN   De Severa. Eres la sierva de Severa, ¿no es cierto?

RÚSTICA   Para servirle.

ESTRABÓN   Gracias.

RÚSTICA   Para servirle a Severa y a usted, si me dice de una vez qué es lo que desea.

ESTRABÓN   (*Confundido.*) Dile a tu señora que salga, que quiero hablar con ella... con tu señora...

RÚSTICA   ¿No prefiere usted que le anuncie y pasar a la casa?

ESTRABÓN   Déjate de anuncios. Solo dile lo que yo te he dicho. Corre.

(RÚSTICA *entra en la casa. Al momento sale acompañada de* SEVERA.)

SEVERA   ¿No me habías dicho que afuera había un caballero? Has debido mirar mal, hija, yo no veo caballeros por ninguna parte, solo veo a un patán inútil plantado en medio de la calle.

ESTRABÓN   (SEVERA *hace amago de volver a su casa y cerrar la puerta. La voz de* ESTRABÓN *la disuade.*) Déjate de sarcasmos, Severa. A mí tampoco me hace feliz la idea de tener que hablar contigo, pero se trata de nuestros hijos.

(SEVERA *hace un gesto con la cabeza y* RÚSTICA *vuelve dentro y cierra la puerta.*)

SEVERA   ¿Nuestros hijos? ¿Qué quieres decir con «nuestros hijos»?

ESTRABÓN   La cosa es que mi Cándido se ha enamorado de tu hija y quiere que tú y yo nos pongamos de acuerdo… No pongas esa cara, yo también acabo de enterarme…

SEVERA   ¡Basta! ¡Cierra la boca! ¿Cómo te atreves? ¿Ya te has olvidado de quién soy yo?

ESTRABÓN   Vamos, Severa, no mezclemos conceptos. No empieces a hurgar en el pasado, mujer, olvídate ya de aquello…

SEVERA   ¿Aquello? Eso que tú llamas aquello era mi corazón. Y tú lo rompiste, imbécil.

ESTRABÓN   ¿Imbécil? ¿Me has llamado imbécil?

SEVERA   Sí. Imbécil, idiota, memo, majadero, cretino…

ESTRABÓN   Vale, no empieces con las indirectas, que te conozco. Ha pasado toda una vida, ¿cómo puedes seguir guardando rencor?

SEVERA   No es rencor. Es conocimiento del medio. Y asco. Te aprovechaste de mí. Yo era casi una niña. Y me enamoré de ti.

ESTRABÓN   No me aproveché. Yo no era menos joven que tú. Recuérdalo. Y estaba enamorado de ti como un colegial. Bien que lo sabes. Pero mi padre…

SEVERA   Sí, tu padre. Tenías que casarte con una rica, que diera más postín a tu familia, para complacer a tu padre. Además de imbécil, siempre fuiste un panoli.

ESTRABÓN   Pues a ti no debió importarte tanto. Te casaste al mes siguiente de nuestra ruptura…

SEVERA   Es que no hubo tal ruptura. Simplemente te marchaste. Y ni siquiera tuviste el valor de venir a decírmelo a la cara. ¿Pero vienes ahora a pedirme que yo te entregue a mi hija? Vete a la mierda, Estrabón.

(SEVERA *se mete en su casa.* ESTRABÓN *se queda un instante a solas con sus pensamientos.* CORISTA *le pone la mano sobre el hombro.*)

CORISTA   Ahora es cuando uno busca unas buenas agujas del pelo y zasca, zasca, quedas como un Edipo.

HEBE   No hagas caso a esta sádica trágica. Vete a tu casa en paz, Estrabón.

(ESTRABÓN *sacude la cabeza, confundido, como quitándose malos pensamientos de encima y luego obedece a* HEBE *y se mete en casa. Aparece* RÚSTICA, *vestida de* HEBE. *Se coloca en la hornacina. Por un lateral sale* VETUSTA. *Con mucho sigilo se dirige hacia la hornacina. En ese instante sale* CÁNDIDO *de su casa, pero al ver a* VETUSTA *se retira.* VETUSTA *llega ante el altar.* RÚSTICA *se ha quedado paralizada.*)

 Salve, diosa Hebe, hija de Hera. Si una de mis esclavas me hubiera jurado que te escuchó hablar, la habría echado a patadas de mi casa, por loca. Pero han sido mis propios ojos y mis propios oídos los que te vieron y escucharon y confieso que ese milagro me ha llenado de esperanza el corazón. Porque yo tengo un sufrimiento muy grande, Hebe. Un sufrimiento del que no he hablado jamás a nadie. Y me está matando. Verás, cuando yo era muy joven conocí a un muchacho de la isla de Rodas que vino a Atenas a estudiar medicina. Nos enamoramos locamente. Era tan guapo que yo perdí enseguida la cabeza. Perdí la cabeza y gané siete kilos, pues me dejó embaraza. No me juzgues. Yo iba a decírselo a mis padres con toda libertad ya que el muchacho era honesto y de buena familia y estaba convencida de que al ser de Rodas iría todo rodado. Por supuesto, primero había que decírselo a él. Y el mismo día en que decidí decírselo me llegó con la noticia de que se había alistado para las guerras médicas. Yo era muy joven y pensé que, como estudiaba para galeno, se trataría de una huelga de sanitarios o algo así. Ya se lo diré cuando vuelva, pensé. Pero el de Rodas murió en la guerra. Ni de hacerle el rodaje tuve tiempo. Para colmo de mis desdichas, por aquellos días mis padres me prometieron con Lucio Aparicio. Yo no sabía qué hacer. Les dije que me retiraría a una de nuestras villas, que necesitaba un tiempo para pensarlo. Exactamente necesité nueve meses. Allí tuve a mi bebé. Una criatura preciosa. Pero no podía presentarme ante mis padres y mucho menos ante mi Aparicio con el bebé en brazos y decirles: ¡sorpresa! Fue sin decirle nada y ya ves lo que me duró el pobrecito. Así que entregué el bebé a unos campesinos. Ay, aquella fue la peor decisión de mi vida, Hebe. No he dejado ni un solo día de rezar por él, que Zeus lo tenga bajo su tutela. Muchas veces he intentado localizar a mi criaturita y enmendar mi error. Pero, cuando volví al lugar, aquellos campesinos ya habían muerto –¡los pobres duran tan poco!–, y no ha habido forma de averiguar qué fue de mi bebé. Se lo tragó la tierra, pobre mío. Te cuento esto para que comprendas que yo iba a esposarme con ese muchacho al que tú has bendecido, el tal Cándido, no por vicio, líbreme Zeus de tal, ni soy viciosa ni vanidosa, lo hacía solo por compensar, porque necesito entregar mi herencia a alguien de corazón puro que haga algo digno con mi legado. Pero ahora resulta que hasta eso me ha sido negado. Y no me quejo, Hebe. Parece un poco… cándido… pero si te gusta el muchacho, pues tus razones tendrás. Solo quisiera pedirte que intercedas ante Hera por mí, que ella también es madre y sabrá comprenderme. Dile que no quiero morir sin poder abrazar a mi bebé al menos una vez en la vida y pedirle perdón por lo que hice. Si se me concediera tal deseo yo…

(*Se abre la puerta de* Estrabón. Vetusta *lo oye. Se echa un velo por el rostro y sale a toda prisa de escena en dirección contraria. De la casa de* Estrabón *quien sale es* Cándido. *Al ver que* Vetusta *se ha ido se acerca hasta la hornacina, que él piensa estar ocupada por* Esperanza.)

CÁNDIDO   Creí que no se iría nunca. ¿Qué te ha dicho?

RÚSTICA   Lo siento, Cándido, es secreto de confesión. Lo que se dice en la hornacina queda en la hornacina. Además, aunque te lo contara, no lo creerías.

CÁNDIDO   Tienes razón. Hablemos de nosotros. (*Toma las manos de* Rústica *entre las suyas.*) Estaba preocupado por ti. Un día más sin verte y me habría vuelto loco.

RÚSTICA   Yo también me moría de ganas de verte, pero, por favor, no hablemos de cosas tristes. Hoy no quiero nada que empañe este instante.

CÁNDIDO   Sí, hagámoslo así. Nada de tristezas.

RÚSTICA   Háblame de ti. Quiero saberlo todo.

CÁNDIDO   Ya lo sabes todo.

RÚSTICA   Pues quiero saber más…

CÁNDIDO   Mira que no es un tema muy interesante.

RÚSTICA   Para mí sí.

CÁNDIDO   Está bien, ¿qué quieres saber?

RÚSTICA   Háblame de tu infancia. ¿Fuiste feliz?

CÁNDIDO   Creo que sí. Podría decirse que fui un niño feliz.

RÚSTICA   ¿Cómo era tu madre?

CÁNDIDO   No la recuerdo. Murió siendo yo un crío y…

RÚSTICA   (*Le tapa la boca con la mano.*) Nada de cosas tristes. Háblame de la escuela, de tus amigos. Seguro que fuiste un niño con muchos amigos.

CÁNDIDO   No tantos. En realidad, durante los años de colegio mis mejores amigos fueron Propercio y Braulio. Propercio era raro, raro. De tan minucioso, asustaba. Le preguntabas, por ejemplo, qué tal el desayuno y te respondía: bien, cincuenta gramos de pan de centeno, sesenta de tocino de cerdo, cien de frambuesas y doscientos mililitros de agua de pozo. Y así con todo. En vez de Propercio le llamábamos Prospecto.

RÚSTICA (*Entre risas.*) ¡Pobrecito!

CÁNDIDO Braulio era el listo de la clase. Un lince. Su defecto era que no podía dejar que otro terminara una conversación. Siempre tenía que ser él quien pusiera la última palabra. Le llamábamos «El Posdata».

RÚSTICA (*Se ríe de corazón.*) ¿Y a ti? ¿Cómo te llamaban a ti? ¿Cuál era tu defecto?

CÁNDIDO ¿Mi mayor defecto? No haberte conocido antes. (*Silencio romántico.*) Me encanta tu risa, Esperanza. A veces me da la sensación de que dentro de ti vive una legión de mujeres. Tan diferentes que a veces llegas a desconcertarme. Pero, entre tantas como eres, esta versión de ti es la que más amo. (*Silencio romántico de* RÚSTICA.) Pero, basta de hablar de mí. Ahora te toca a ti, ¿Cómo fue tu infancia?

RÚSTICA ¿Mi infancia? Dijimos que hoy nada de cosas tristes…

(*Queda un instante pensativa, dominada por la melancolía. Tiene algo en la cabeza que la mortifica. No se atreve a soltarlo.*)

HEBE (*Pasándole una mano por el hombro a* RÚSTICA, *como es habitual en ella en estos lances.*) Atrévete muchacha.

RÚSTICA   (*Decidida.*) Dime una cosa, Cándido, ¿crees que me querrías si fuera pobre? Quiero decir tan pobre que no hubiera podido ir a la escuela, tan pobre que…

CÁNDIDO   Claro que te querría.

RÚSTICA   ¿Y si fuera esclava, me seguirías queriendo?

CÁNDIDO   ¡Qué cosas tienes, Esperanza! Tú nunca podrías ser una esclava.

RÚSTICA   Pero, ¿y si lo fuera? Si por algún azar cayera en desgracia y me convirtiera en una vulgar esclava, ¿me querrías igual?

CÁNDIDO   Los dioses no quieran que ocurra, pero si cayeras en desgracia yo vendería mi casa, me vendería a mí mismo si fuera necesario con tal de rescatarte de una situación tan desdichada.

RÚSTICA   Sí, sí que es una situación desdichada…

CÁNDIDO   ¿Qué te ocurre, Esperanza? ¿A qué vienen todas esas preguntas tan raras? ¿Estás bien?

HEBE   Vamos, muchacha. No temas. La diosa Hebe está a tu lado.

CORISTA   Y si algo sale mal, siempre queda el recurso de las agujas…

RÚSTICA — Mira, Cándido, hay algo de mí que tienes que saber. Yo…

(Se va a levantar el velo y descubrir su identidad, pero en ese instante se oye un ruido que proviene de la habitación de ESPERANZA. RÚSTICA, a toda prisa, sin dar tiempo a CÁNDIDO a reaccionar, se arremanga el manto como si fuera a cruzar un charco, y sale a todo correr calle adelante en dirección a la puerta de entrada de la casa de SEVERA.)

CÁNDIDO — ¡Esperanza! ¿Qué ocurre? ¿Por qué corres? ¿Qué es eso que tengo que saber…?

(CÁNDIDO está mirando la espantada de RÚSTICA a espaldas de la hornacina por lo que no se da cuenta de que en el mismo momento en que RÚSTICA cierra la puerta, entra por el hueco de la pared ESPERANZA, vestida también de HEBE. Al darse la vuelta ya está allí colocada y él se da un susto de muerte.)

ESPERANZA — Salve, Cándido. He oído ruidos y me he imaginado que serías tú.

CÁNDIDO — ¡Por Zeus, Esperanza! ¿Cómo has hecho eso?

ESPERANZA — ¿Qué?

CÁNDIDO — Dar la vuelta así de rápido. Estabas ahí y al segundo siguiente…

ESPERANZA   No digas tonterías, Cándido. No tenemos tiempo para juegos. Solo he venido a decirte que mi madre y tu padre han hablado…

CÁNDIDO   (*Haciéndose el ingenuo.*) ¿Sí? ¿Y qué tal? ¿Qué ha dicho tu madre? ¿Todo en orden?

ESPERANZA   Sí, en orden de alejamiento, porque con tu ocurrencia lo que has conseguido es que mi madre me haya prohibido estar a menos de cien metros de ti.

CÁNDIDO   Ha sido un primer encuentro. Mira, Esperancita, tu madre es como un caballo en su primer día de carrera, hay que darle tiempo…

ESPERANZA   Te dije que no era el momento, Cándido. Pero, claro, tú no escuchas. No podías dejar las cosas como estaban…

CÁNDIDO   Pero, bueno, ¿qué mosca te picó? ¿A qué viene este cambio de humor tan repentino? Te juro que no te entiendo. En un instante parece que me estuvieras leyendo el corazón y al siguiente me estás leyendo la cartilla ¿Es que quieres volverme loco?

ESPERANZA   ¿Y tú qué quieres? Porque a veces pienso que pretendes echarlo todo a perder. Este es mi refugio. El único lugar del mundo donde se me deja ser yo misma ¿Y tú quieres echarlo a perder?

CÁNDIDO

De acuerdo. No discutamos. La noche iba muy bien. Antes me has dicho que tenías algo que decirme sobre ti.

ESPERANZA

¿Cuándo te he dicho yo eso?

CÁNDIDO

Antes. Después de preguntarme si te querría si cayeras en desgracia y te convirtieras en esclava.

ESPERANZA

¿Qué yo me voy a convertir en esclava? ¿Pero tú te oyes cuando hablas, Cándido? ¿Es eso lo que piensas en mi ausencia?, ¿verme convertida en esclava? Oye, tú no serás uno de esos pervertidos que tienen fantasías raras…

CÁNDIDO

Por todos los dioses, Esperancita, que me estás levantado unas terribles migrañas…

(*De entre las sombras sale* VETUSTA *y se abalanza sobre los dos muchachos, que no tienen tiempo de reaccionar. Toma a* ESPERANZA *tan por sorpresa que consigue quitarle el velo y aún el manto de* HEBE.)

VETUSTA

¡Lo sabía! ¡Os pillé! ¡Traición! ¡Salid todos! Estrabón, Severa, ¡Venid! ¡A mí!

(*A los gritos de* VETUSTA *acuden* ESTRABÓN, SEVERA *y* RÚSTICA.)

ESTRABÓN

¿Qué ocurre? ¿Dónde está el fuego?

SEVERA
: ¿A qué vienen esos gritos a estas horas de la noche?

VETUSTA
: Mirad, aquí tenéis el misterio de la famosa aparición. ¡Se creían estos mocosos que una llega a rica creyendo en milagros!

ESTRABÓN
: A ver Vetusta, no mezclemos conceptos, ¿qué estás insinuando, que Hebe no nos habló? Mira que yo estaba de cuerpo presente el día de autos y sé bien lo que vi.

VETUSTA
: Lo que viste fue a esta fresca haciéndose pasar por la diosa, que bien que nos han engañado a todos. Pero hoy la he visto atravesar esa pared disfrazada de Hebe y ponerse aquí a coquetear con este lechuguino.

CÁNDIDO
: Oiga señora…

SEVERA
: Cuidado con lo que dice, señora. Por mucho dinero que usted tenga no le consiento que hable así de mi hija, que…

(ESTRABÓN *se ha metido en la hornacina y comprueba que, en efecto, hay un agujero que comunica con la casa de* SEVERA.)

ESTRABÓN
: Es verdad lo que está diciendo. Aquí hay un agujero que da para tu casa, Severa. Estos dos pájaros tienen un lío montado.

SEVERA   ¡Hija mía! ¡No puede ser! ¡Dime que no es verdad! ¡Dime que no has consumado! ¡Con este no…!

(SEVERA *cae al suelo desmayada. Todos la rodean.* CORISTA *se acerca y se pone en posición declamatoria, como si fuera el cadáver de una heroína trágica.*)

CORISTA   ¡Ay, ay! ¡Pobres hijos de Grecia, que a los muros de la terrible Ilión derramasteis vuestra ilustre sangre! ¡Para vosotros ya todo ha terminado! La reina ya no existe, unida está a un lazo suspendido. ¡Acudid en ayuda todos los que estáis cerca de palacio! ¡Se ha ahorcado nuestra señora, la esposa de Teseo! (*Todos miran perplejos.*) Ay, qué a gustito me he quedado.

Oscuro.

Acto III

Al hacerse de nuevo la luz, CORISTA *está en la misma posición en la que la hemos dejado antes. Mira a su alrededor y, como quien despierta de un sueño, repara en que no hay nadie. Todos han desaparecido, excepto* HEBE.

CORISTA — (*Con resignación.*) No me digas más: han pasado varios días.

HEBE — Tres, para ser exactos.

CORISTA — ¡Tres días! En un apagar y encender de luces. Esto no es serio.

HEBE — Claro que no es serio. Vivimos en una comedia. Y la comedia tiene sus propios ritmos.

CORISTA — Pues vivir a este ritmo es un sin vivir.

HEBE — Han transcurrido tres días desde que Vetusta descubriera el engaño de la aparición. Severa se repuso del soponcio en cuanto supo que los muchachos no habían consumado. Para evitar reincidencias, mandó tapar el agujero de la pared y castigó a Esperanza a una reclusión forzosa. Estrabón ha concertado la boda entre Vetusta y Cándido que, si nada lo remedia, ha de celebrarse mañana, a más tardar. Y Rústica, aunque nadie descubrió su implicación en el engaño y se libró por los pelos de un duro castigo, al verse privada de sus encuentros furtivos con Cándido, vaga como un triste fantasma.

CORISTA   Ahora eres tú la que te estás poniendo dramática. Seguro que no es para tanto. Conozco este tipo de situaciones. Así de veces las he visto. Y más complicadas aún. Si yo te contara. Chico conoce a chica, ancianos que se interponen entre sus amores, piratas que secuestran niños, pobres haciéndose pasar por ricos. El caos. Todo se pone de culo hasta hacerte pensar que el mundo se viene abajo. Sin embargo, cuando ya lo das todo por perdido, acaba apareciendo un dios que restablece el orden del universo y no deja que las aguas se salgan del cauce. Siempre es así. Aquí ocurrirá lo mismo. Ya verás.

HEBE   Pues siento decirte que te equivocas. No digo yo que eso que cuentas no sea válido para otros autores, pero no para Menandro. El exim… el célebre Menandro, al son de lo tonto y entre burlas y veras, le dio una patada en el trasero al azar y al destino, que son las dos fuerzas motoras de la tragedia clásica. Esta es otra de sus grandes aportaciones. Por eso es eximio, claro. En sus obras, los personajes están solos, no nos está permitido a los dioses intervenir; son los mortales los que han de luchar contra la adversidad haciendo uso de la astucia, la inteligencia y el apoyo mutuo. Si lo piensas bien, la estratagema tiene su guasa. Es toda una revolución. Como si sus comedias fueran una excusa para decirle a sus paisanos: espabilad, tarados, y ayudaos los unos a los otros porque, como esperéis que baje un dios a sacaros las castañas del fuego, apañados vais.

CORISTA   Entonces, si no podemos intervenir, ¿qué pasará con Esperanza y Cándido? ¿Qué ocurre con Rústica? ¿Hay boda o no hay boda? ¿Dejaremos que se salgan con la suya Estrabón y Vetusta? Mira que me tienes de los nervios…

HEBE   Ya te he dicho las normas: no podemos hacer más. Su destino está en sus propias manos.

(*Aparece* CÁNDIDO *acompañado de* RÚSTICA.)

CÁNDIDO   ¡Sus manos, Rústicas! Dile que solo quiero volver a tocar sus manos una última vez.

RÚSTICA   Me pides un imposible, Cándido. Severa la tiene bajo extrema vigilancia y le prohibió salir a la calle.

CÁNDIDO   Podrías decirle que yo…

RÚSTICA   Por favor, Cándido, no insistas. Bastante es que Vetusta no la ha denunciado por suplantación de divinidad y adulteración de milagro público.

CÁNDIDO   Sí, ese ha sido un gran favor.

RÚSTICA   Tú lo llamas favor pero su abogado lo llamó «condición *sine qua non*». No la denuncia a cambio de que se mantenga apartada de ti.

CÁNDIDO   (*Unos segundos de dolosa asimilación, hasta que se resigna.*) La he perdido, Rústica. Esta vez he perdido a Esperanza para siempre.

RÚSTICA   Ánimo, Cándido, la esperanza es lo último que se pierde. (*Pausa.*) Perdón, lo que quise decir es que…

CÁNDIDO   Te he entendido Rústica, no te disculpes.

RÚSTICA   ¿Tanto la amas?

CÁNDIDO   Ni yo mismo lo sabía. En estos tres días ni siquiera he podido disfrutar de las carreras…

RÚSTICA   ¿No has ido al estadio?

CÁNDIDO	Sí, si ir sí he ido. ¿A qué otro sitio puede ir un hombre? Pero no lo he disfrutado. No hago más que recordar su risa y el contacto de sus manos, que unas veces son suaves y otras tan… tan…
RÚSTICA	… ¿curtidas?…
CÁNDIDO	Exacto. Tan curtidas. Son los peores días de mi vida, Rústica. Me parece mentira que apenas unos días atrás hablábamos de tener seis hijos juntos y ahora, fíjate, ni escucharla puedo. Bien dicen que, cuando los dioses se quieren burlar de uno, te dejan que haga planes de futuro.
RÚSTICA	No metas a los dioses en esto, Cándido. Si de verdad la quieres, haz algo por ti mismo.
CÁNDIDO	¿Qué quieres que haga? Tengo las manos atadas. Le debo obediencia a mi padre. Y él necesita que me case con Vetusta.
RÚSTICA	Ya sabemos lo que necesita tu padre. Pero ¿qué tal si piensas en lo que necesitas tú? Dime una cosa, si hubiera algo que pudieras hacer por impedir esa boda, ¿lo harías?
CÁNDIDO	No lo hay, Rústica. Ya le he dado yo mil vueltas. Esto es como un caballo que…
RÚSTICA	Sí, sí, olvida los caballos… Yo también le he dado algunas vueltas a este asunto,

Cándido. Y creo que sí hay una manera. ¿Has traído la caña y la tinta, tal y como te pedí?

CÁNDIDO

Aquí están, pero no creo que a Vetusta la vayamos a convencer con una epístola. Me dedico al mundo editorial y sé que la gente rica no pierde el tiempo leyendo.

RÚSTICA

Tú sólo tienes que hacer lo que yo te diga. Date la vuelta.

(CÁNDIDO *obedece.* RÚSTICA *le pinta en el cuello una marca.* CÁNDIDO *se queja, pero se deja hacer.*)

CÁNDIDO

No entiendo qué es lo que pretendes pintándome el cuello, Rústica ¡No serán cosas de brujería…!

RÚSTICA

Ya lo entenderás a su debido tiempo, Cándido. Ahora ve a buscar a Vetusta y tráela aquí. Dile que la están buscando unos campesinos que tienen algo que ella desea.

CÁNDIDO

¿Unos campesinos?

RÚSTICA

No preguntes. Tú solo haz lo que yo te digo, repite mi recado, palabra a palabra, y es posible que recuperes a Esperanza.

CÁNDIDO

¿Por qué haces esto por mí, Rústica?

RÚSTICA   (*Lo piensa unos segundos. Con melancolía.*) Solo soy una esclava, pero haría cualquier cosa por verte feliz…

(CÁNDIDO *se va a toda prisa.* ESPERANZA *asoma la cabeza por la puerta de su casa a tiempo de ver a lo lejos a* CÁNDIDO. *Sale a su encuentro, pero ya es tarde. Él no la escucha y desaparece.*)

ESPERANZA   ¡Cándido! ¡Cándido!

RÚSTICA   (*Reteniéndola.*) ¿Qué haces?

ESPERANZA   Suéltame, Rústica.

RÚSTICA   Detente, por favor, no seas loca. ¿No te das cuenta de que si te ve tu madre te doblará el castigo? O lo que es peor, si te ve Vetusta, te pueden encerrar de por vida.

ESPERANZA   Mi madre está durmiendo la siesta. Y lo que haga esa señora conmigo me importa un pimiento.

RÚSTICA   Pues debería importarte. Se trata de tu vida. (ESPERANZA *se calma.*) ¿Qué te ocurre, Esperanza? Siempre has sido la mujer más lista y sensata que he conocido. Desde que éramos niñas, me maravillabas con tu manera de ser, tan juiciosa y madura. Nunca desfallecías; ningún problema, por muy grande que fuera, conseguía doblegarte. Me recuerdo a mí misma, desde que no levantaba más que un palmo del suelo, pensando que de haber sido libre habría querido ser como tú. Y ahora estás como fuera de ti. Por un hombre. No te reconozco. ¿Qué te ha pasado?

ESPERANZA   No soy tan lista, Rústica.

RÚSTICA   Claro que lo eres. Cómo no ibas a serlo si siempre estás leyendo esos libracos enormes…

ESPERANZA   Eso no significa nada.

RÚSTICA   ¿Conoces a muchas mujeres en Atenas que sepan leer y escribir como tú?

ESPERANZA   No es para tanto. La lectura está sobrevalorada, créeme. Si lo que lees no te sirve para ser feliz, no es más que mero entretenimiento. Y es evidente que a mí no me ha servido.

RÚSTICA   Dices eso porque estás enfadada.

ESPERANZA   Digo eso porque estoy cansada. Estoy cansada de que todos decidan por mí. Mi madre, Estrabón. Incluso Cándido. Y ahora también esa ricachona de Vetusta. Mi opinión vale lo que una boñiga de vaca. No se me tiene en cuenta, y todo por ser mujer.

RÚSTICA   Pues imagínate yo, que soy mujer y esclava…

ESPERANZA   Tienes razón. Lo siento, Rústica. No quería ofenderte.

RÚSTICA   No, si no me ofendes. Lo que me hiere es verte desesperada y triste.

ESPERANZA   ¿Y sabes lo peor? En realidad, casi me da igual que Cándido se case con la ricachona. Lo que me pone a hervir la sangre es que tengamos que separarnos por voluntad de su padre y que yo me tenga que alejar de él porque a mi madre se le antoja. Sin molestarse en darme una simple razón. Solo por eso ya estaría dispuesta a casarme, por sublevarme contra la autoridad. En el fondo soy una Antígona.

RÚSTICA   Y yo anti taurina.

ESPERANZA   No, Antígona. Una rebelde, un personaje del teatro clásico…

RÚSTICA   Ah, disculpa, ya te he dicho que yo de libros… ¿No ves como sí que eres tan lista? (*Pausa.*) ¿Dices en serio eso de que te daría igual casarte?

ESPERANZA   Admite que la de Cándido es una familia un poco particular…

RÚSTICA   (*Imitando a* ESTRABÓN.) No mezclemos conceptos, niña…

ESPERANZA   (*Imitando a* CÁNDIDO.) Esto es como un caballo… (*Ambas se echan a reír.*) Es un buen muchacho. Y seguro que será un buen marido. Pero, si mi voluntad sirviera para algo y tuviera el dinero suficiente, me gustaría hacer otra cosa con mi vida.

RÚSTICA   ¿Qué?

ESPERANZA   Algo útil. No te rías, pero siempre he soñado con ser cartógrafa.

RÚSTICA   No puedo reírme, porque ni siquiera sé lo que es.

ESPERANZA   Hacer mapas. Cartógrafa. ¡Es tan esdrújula! ¿Imaginas algo más maravilloso que eso? Recorrer el mundo pintando en un trozo de papel los ríos, las montañas, los países que se ponen a tu paso. Es como levantar acta de la obra de los dioses.

RÚSTICA   Ya entiendo. Como ser el notario de los dioses.

ESPERANZA   Sí. Algo así. ¿Ves cómo tú también eres lista? (*Pausa.*) ¿Sabes una cosa? Yo también te he admirado a ti, desde pequeña.

RÚSTICA   No te burles, por favor.

ESPERANZA   Lo digo en serio. No conozco a nadie más amable que tú. Siempre tan dócil, aguantando la adversidad con esa sonrisa, con esa dulzura. No sé cómo lo logras. Te aseguro que hacerles la vida amable a los demás tiene más mérito que lo que puedas leer en cualquier libro.

RÚSTICA   ¿Quieres hacer llorar a una esclava?

ESPERANZA   Deja de decir eso. Tú para mí no eres ninguna esclava, Rústica. Siempre has sido mi amiga, como una hermana.

RÚSTICA   Eso es verdad, Esperanza. Siempre has sido muy buena conmigo. Y yo… yo… no te merezco.

(*Llora.*)

ESPERANZA   ¿Qué te ocurre, Rústica? ¿A qué vienen esas lágrimas?

RÚSTICA   Yo tengo algo que contarte, Esperanza. Algo terrible. Una traición imperdonable. No sé cómo he podido. Pero tú eres buena y tienes que prometerme que intentarás perdonarme, aunque sea un poco…

ESPERANZA   (*Sin el menor dramatismo.*) Si es por lo de hacerte pasar por mí en la hornacina de Hebe, ya estás perdonada.

RÚSTICA   (*A cuadros.*) Pero, ¿tú sabías que yo…?

ESPERANZA   Desde el primer momento, Rústica. Tampoco era tan difícil. Cualquiera que no sea Cándido lo habría sabido. Es más, a veces sospecho que lo sabe hasta Cándido… aunque con él nunca se sabe.

RÚSTICA   ¿Y no estás enfadada? ¿No te importa que yo…?

ESPERANZA   Claro que no. Ya te he dicho que para mí eres como una hermana. Y nada me complace más que verte feliz. Y se te veía tan feliz agarrada a las manos de Cándido. Además, así nos repartíamos la carga entre las dos, que Cándido para un rato está bien pero toda una noche…

                 (*A lo lejos llega* CÁNDIDO *con* VETUSTA.)

RÚSTICA   Corre, Esperanza. Entra en casa. No hay tiempo para explicaciones, pero confía en mí. Tal vez consigamos que Vetusta no se salga con la suya. Espera unos minutos y luego vuelve aquí con tu madre.

ESPERANZA   ¿Con mi madre? ¿Qué estás tramando, Rústica? Me asustas.

RÚSTICA   Ahora no hay tiempo. Vete. Hazme caso.

(ESPERANZA *se va. Llega* CÁNDIDO *con* VE-
TUSTA.)

VETUSTA   ¿Dónde están los campesinos?

CÁNDIDO   Eso, Rústica, ¿dónde están los campesinos?

RÚSTICA   Primero ve a por tu padre. (CÁNDIDO *no
            comprende.*) Corre. Obedece, Cándido. Trae
            a Estrabón.

            (CÁNDIDO, *a regañadientes, obedece. Entra
            en casa.*)

VETUSTA   No sé qué supones que estás haciendo,
            niña, pero si crees que con alguna estúpi-
            da estratagema de esclava vas a retrasar mi
            matrimonio, te recomiendo que desistas.

RÚSTICA   No quiero retrasarlo. Quiero suspenderlo.

VETUSTA   ¿No sabes que a las esclavas arrogantes se
            les bajan los humos con una ración de la-
            tigazos?

            (*Llega* ESPERANZA y SEVERA. *También* CÁN-
            DIDO y ESTRABÓN.)

SEVERA   ¿Por qué me han despertado de la siesta y
            sacado de casa a estas horas, Estrabón? ¿Son
            cosas tuyas, viejo estúpido?

ESTRABÓN   Yo no tengo nada que ver. Es cosa de esta
              sierva.

RÚSTICA   Para servirle.

ESTRABÓN   Gracias.

RÚSTICA   Voy a contaros algo que creo que a todos
              os incumbe. Se trata de Vetusta. Del pasa-
              do de Vetusta.

VETUSTA   Cuidado con tu lengua, esclava, mira qué
              vas a decir acerca de mi pasado, no sea
              que tu osadía te haga acabar en la horca.

ESPERANZA   Eso, por Zeus, Rústica, ten cuidado con lo
              que vas a decir.

RÚSTICA   No lo digo yo. Lo dicen unos campesinos.
              Dime, Vetusta, ¿es o no es cierto que hace
              unos años entregaste algo de tu propiedad
              a unos campesinos?

HEBE   Y aquí, querido público, vais a tener el pri-
              vilegio de asistir en directo a uno de los
              grandes inventos de la antigua civilización
              griega. Algo que ha sido para Occidente
              tan transcendental como la invención del
              teatro mismo, de la medicina o de la geo-
              metría. La gran aportación de Grecia al
              mundo.

CORISTA   ¡La musaka!

HEBE
Calla, idiota. Me refiero, por supuesto, a la técnica filosófica de la mayéutica. Sé que todos los presentes conocen a la perfección dicha técnica. Pero, por si se encontrara en la sala alguien de ciencias, y aprovechando que tenemos con nosotros la inestimable ayuda de un elemento del coro clásico, dejemos que sea él quien nos explique en qué consiste dicha técnica.

CORISTA
Eso, dejemos que lo explique…

HEBE
Me refiero a ti, zoquete.

CORISTA
¿Yo?

HEBE
No te hagas de rogar ¿Eres o no eres un coro clásico?

CORISTA
Sí, pero…

HEBE
Pues explica de una vez en qué consiste la mayéutica.

CORISTA
¿..? ¿…La mayonéutica…?

HEBE
La mayéutica.

CORISTA
(*Duda, mira a todos lados buscando un auxilio que no llega.*) La mayonéutica… la mayonéutica es una salsa que se obtiene de la emulsión del huevo…

HEBE   No…, por Zeus, calla…

CORISTA   …y el aceite de oliva batidos a un ritmo
              constante.

HEBE   ¡Corta!

CORISTA   Bueno, la mayonéutica se corta por dos mo-
              tivos fundamentales: si se añade el aceite
              muy rápido o si el movimiento del batido
              es demasiado enérgico…

HEBE   Idiota, que cortes, que cierres el pico. Me
              refiero a la mayéutica socrática…

CORISTA   ¡Ah, la socrática! (*Silencio.*) La mayonéu-
              tica socrática es una salsa que se obtiene
              de la emulsión…

HEBE   (*Al público.*) La mayéutica socrática es el
              método, inventado por Sócrates, por el cual
              el maestro, mediante preguntas, extrae la
              verdad escondida dentro del sujeto inte-
              rrogado, que es a lo que va a proceder Rús-
              tica en este instante.

CORISTA   ¡Ah, esa mayonéutica! Si es que no hablas
              claro… Haber empezado por ahí…

RÚSTICA   Dime, Vetusta, ¿es o no es cierto que hace
              unos años entregaste algo de tu propiedad
              a unos campesinos?

VETUSTA   Sí, pero cómo sabes tú que…

RÚSTICA   Como yo lo sepa no viene al caso. ¿Entregaste un bebé? Responde con sinceridad, pues son los dioses nuestros testigos.

VETUSTA   Sí… era un bebé…

RÚSTICA   ¿Un bebé fruto de tus entrañas?

VETUSTA   Por los dioses, no me martirices. Si sabes algo dímelo ya…

RÚSTICA   Por favor, Severa, puedes mirar en la nuca de Cándido.

SEVERA   Aquí hay unas letras

RÚSTICA   ¿Puedes leer en voz alta qué es lo que ves?

SEVERA   Made in China…

RÚSTICA   No, ahí no. Eso es la etiqueta de la toga. Lee lo que hay en la nuca…

SEVERA   Ah, en la nuca hay una marca. Parece una zeta.

RÚSTICA   Exacto. Una marca de nacimiento en forma de letra zeta. Y ahora, Vetusta, ¿nos puedes enseñar la marca que tienes en tu cuello?

> (VETUSTA *la enseña. Es idéntica a la de* CÁN-
> DIDO. *Asombro general.*)

ESTRABÓN   ¿Qué significa esto?

RÚSTICA   Significa que Cándido es el bebé de Vetusta. El niño que entregó a los campesinos.
Con lo cual la boda es del todo imposible.

CÁNDIDO   ¡Mamá!

ESTRABÓN   ¡Pero cómo va ser mi Cándido hijo de esta
señora…! ¡Yo vi su nacimiento! ¡Yo esta-
ba de cuerpo presente el día de autos!

SEVERA   Conociéndote, no estarías atendiendo lo
suficiente, igual pensabas en tu papá…

RÚSTICA   Con lo cual, si eres madre de Cándido, no
puedes casarte con él…

CÁNDIDO   (*Abrazándose a* ESPERANZA.) Amor mío, ya
nada se opone a nuestro amor.

SEVERA   (*Separando a los jóvenes.*) Suelta, pulpo. Jamás consentiré esa boda.

CÁNDIDO   ¿Por qué no? Ya no hay ningún impedi-
mento. Y yo la amo.

SEVERA   Pues ama a otra. Pero con esta no cuentes.
Te aseguro que, a esta, tú no la tocas.

ESPERANZA   ¡Madre! ¡Es que mi opinión no cuenta!

ESTRABÓN   Para ella no hay más opinión que la suya.

ESPERANZA   Siempre tan egoísta.

CÁNDIDO   ¿No ves que nos amamos?

ESTRABÓN   Eso, ¿no ves que se aman? ¿Por qué no pueden casarse?

SEVERA   ¡Porque son hermanos!

    (*Conmoción general. Silencio.*)

CORISTA   Pues me temo que, con este argumento, a Rústica se le acaba de cortar la mayonéutica...

SEVERA   ¿Por qué crees que me casé al mes de tú dejarme, imbécil?

ESPERANZA   Madre, ¿qué estás diciendo?

CÁNDIDO   (*A* VETUSTA.) Eso, mamá, ¿qué están diciendo?

SEVERA   Es una vieja historia, hija. Este idiota y yo fuimos novios.

ESTRABÓN   ¡Pero sólo pasamos juntos una noche!

Severa   ¿Cuántas te crees que son necesarias, lumbreras?

Cándido   (*Que sigue sin enterarse de la mitad.*) Entonces, ¿Esperanza también es hija de Vetusta?

Vetusta   Me alegra que alguien al fin me tenga en cuenta, porque creo que yo también tengo algo que aportar a esta linda historia. Verás, muchacha (*A* Rústica), no sé de dónde has sacado la información, aunque casi puedo sospecharlo, pero te diré un par de cosas. Tú plan hace aguas por un par de sitios. Para empezar porque no has asimilado bien toda la información. Te explico. Esto que tengo en el cuello no es una marca de nacimiento sino una cicatriz que me hice en la cocina un día que estaba haciendo croquetas y me saltó el aceite. Y, en segundo lugar, es cierto que entregué un bebé a aquellos campesinos, pero nunca dije que fuera un niño. De hecho, era una niña.

Corista   ¡Esa es buena! Mayonéutica cortada y con salmonelosis…

Cándido   Entonces, ¿ya no eres mi mamá?

Vetusta   No, hijo, no lo soy. De modo que de nuevo vuelve a estar la piedra en mi tejado. Y yo digo que la boda sigue adelante.

RÚSTICA   Lo siento, Esperanza, Cándido, os he fallado.

VETUSTA   Al menos lo has intentado, esclava. Y admito que la idea era ocurrente. Pero tú no podías saber que mi bebé era una niña. Una niña preciosa, por cierto. Con una linda verruguita aquí, detrás de su oreja derecha.

SEVERA   Anda, pues Rústica tiene una así.

VETUSTA   Y una manchita roja debajo del ombligo en forma de media luna, herencia de mi padre, el Cayo.

ESPERANZA   Igual que la que Rústica tiene debajo del ombligo.

(VETUSTA, *emocionada y asombrada, mira. Se moja los dedos con saliva y frota, temiendo que sea un nuevo truco. Pero esa mancha es real. Conmovida por el feliz descubrimiento, abraza a* RÚSTICA.)

VETUSTA   ¡Hija de mis entrañas!

HEBE   He aquí un final típico de comedia griega. Tras el caos, el orden del universo se restablece. El huérfano encuentra a sus padres. El que fuera injustamente esclavo recupera su libertad. La inteligencia se ve recompensada.

CORISTA   Espera, espera un poco porque al ritmo de la comedia me he perdido; entonces, ¿hay boda o saco las agujas del pelo?

HEBE   No hay boda, amiga mía. Pero triunfa el amor. Solo que el amor… ah, el amor… esa es otra de las cosas que ha cambiado desde los tiempos de Menandro a la actualidad…

RÚSTICA   (ESPERANZA y RÚSTICA, *tomadas de la mano*.) Ahora que soy una mujer rica y libre creo que tú y yo tenemos todo el tiempo del mundo para viajar y hacer mapas y hacernos antitaurinas…

ESPERANZA   Antígonas, cariño… Antígonas…

RÚSTICA   Eso también…

(*Salen.*)

ESTRABÓN   Pero, mujer, ¿cómo no me dijiste lo de la niña? Si lo hubiera sabido…

SEVERA   ¿Qué? ¿Habrías dejado a la rica para venirte conmigo?

ESTRABÓN   Nunca te habría dejado sola en una situación así, de eso puedes estar segura.

SEVERA   ¿Y te habrías enfrentado a tu padre, con lo panoli que eres?

ESTRABÓN   Que era, Severa, que era. Yo he cambiado
             mucho. Y si me dieras una oportunidad, te
             lo demostraría.

SEVERA   ¿Me estás tirando los tejos, viejo verde?

ESTRABÓN   Verde sí, como una lechuga; pero, lo de vie-
             jo te lo podías haber ahorrado, que tene-
             mos la misma edad. Y mírate, pareces una
             niña.

SEVERA   Bribón, sigues siendo el mismo bribón de
             siempre…

             (*Se toman del brazo, cariñosos, y van a sa-
             lir de escena, pero* ESTRABÓN *ve a su hijo, per-
             dido en sus cavilaciones, y deja que* SEVERA
             salga sola y se dirige hacia CÁNDIDO.)

CÁNDIDO   La he perdido, padre. Y esta vez he perdi-
             do a dos.

ESTRABÓN   Venga, hijo, no mezclemos conceptos. Eres
             joven y tienes toda la vida por delante. Arri-
             ba el ánimo que el mundo sigue. Mírame
             a mí. Creí las llamas de mi hogar apagado,
             removí las cenizas y, zasca, me quemé la
             mano…

CÁNDIDO   ¿Entonces vas en serio con Severa?

ESTRABÓN   ¿Es que con ella se puede ir de otro modo?
             ¡Pues menuda es!

Cándido   Sí, eso es verdad.

Estrabón   Vamos, hijo, arriba ese ánimo. Mira, a ver
               qué te parece esta idea: he pensado en de-
               jar el mundo editorial en tus manos, tú que
               eres joven y te entiendes mejor con las nue-
               vas tecnologías.

Cándido   ¿Y tú?

Estrabón   Voy a intentarlo en la política.

Cándido   Pero, ¿no estábamos en la ruina?

Estrabón   Y lo estamos, hijo, y lo estamos. Por eso
               tengo que dedicarme a la política. Vetusta
               está dispuesta a sufragar los gastos de mi
               campaña en agradecimiento por haberla
               ayudado a encontrar a su hija.

Cándido   ¿Qué tú la has ayudado…?

Estrabón   Yo la traje hasta aquí, ¿no?

Cándido   ¿Y por qué partido te presentas?

Estrabón   ¡Eso qué importa! ¡El que gane! ¡La cues-
               tión es que hay tanto erario público por
               disfrutar!

Cándido   ¡Qué orgulloso estoy de ti, padre! ¡Siem-
               pre pensando en los demás!

ESTRABÓN   (*Con un ojo puesto en el público.*) Claro que sí, hijo, claro que sí…de eso va la política…del bien público. Ahora, venga, a seguir con tu vida. Ya ves que el mundo sigue.

CÁNDIDO   Para mí no, padre. A mí ya nada me interesa. Mi corazón es una ciénaga, un lodazal, un pantano seco, una…

ESTRABÓN   …una lástima, porque tenía dos entradas para las carreras… Y hoy corre Calino.

CÁNDIDO   (*Animándose y saliendo de escena con su padre.*) ¿Calino? ¿Al final han fichado a Calino? Pero si ese es un manta. Un plomo. No corre la banda ni aunque lo flagelen. Tendrían que haber fichado a Plotino, como yo vengo diciendo desde principio de temporada, pero es que no hay manera…

HEBE   Como ven, no todo ha cambiado desde Menandro. Algunas cosas necesitan más de dos mil años para cambiar…

Fin.

Esta primera edición de *La aparición*,
de Florián Recio, terminó de imprimirse
en julio de dos mil veinticuatro,
en Podiprint